礼节智慧

LI JIE ZHI HUI

乘虎　永恒　著

GUANGXI NORMAL UNIVERSITY PRESS
广西师范大学出版社
·桂林·

图书在版编目（CIP）数据

礼节智慧／乘虎，永恒著．—桂林：广西师范大学出版社，2013.3（2013.6 重印）
ISBN 978-7-5495-3509-5

Ⅰ．礼… Ⅱ．①乘…②永… Ⅲ．礼仪－基本知识 Ⅳ．K891.26

中国版本图书馆 CIP 数据核字（2013）第 036920 号

广西师范大学出版社出版发行
（广西桂林市中华路 22 号　邮政编码：541001
网址：http://www.bbtpress.com）
出版人：何林夏
全国新华书店经销
北京旺鹏印刷有限公司印刷
（北京市大兴区黄村镇狼西北路六号　邮政编码：102612）
开本：710 mm × 1 000 mm　1/16
印张：10.5　字数：150 千字
2013 年 3 月第 1 版　2013 年 6 月第 2 次印刷
印数：50 001~100 000 册　定价：39.00 元

序言

古人云："仓廪实而知礼节，衣食足而知荣辱。" 礼是发于人性之自然，合于人生之需的行为规范。对于一个人来说，礼仪是一个人的思想道德水平、文化修养、交际能力的外在表现；对于一个社会来说，礼仪是一个国家社会文明、道德风尚和生活习惯的展现。

作为一个有着五千年历史的文明古国，中华大地积淀了厚重的文化底蕴和系统的礼节礼仪。"不学礼，无以立"，这是两千多年前圣人的教诲；"安上治民，莫善于礼"，这是古人安邦定国的思想；"君子以仁存心，以礼存心。仁者爱人，有礼者敬人"，这是立身之道的基本准则；"礼尚往来。往而不来，非礼也；来而不往，亦非礼也"，这是人际交往的重要技巧……

在现代社会，礼仪同样是展现自身修养水平、维持良好人际关系的必修课。大到国际交往中的迎宾设宴、公务接待，小到日常生活中的握手敬礼、服装打扮，无一不渗透着礼仪的精髓。对于刚毕业的大学生来说，应聘时的衣着穿戴、言谈举止，直接影响到今后的职业生涯；对于都市白领来说，礼仪展现在办公室的一言一行中；对于公务员来说，礼仪融入到公务接待的所有繁文缛节里。

《礼记》说："夫礼者，自卑而尊人。"这句话若用在现代社会，也可理解为：礼仪是尊重别人同时又体现自尊的行为规范。礼仪反映出一个人的道德修养，也向人们传递着一个人对整个生活的内心态度。彬彬有礼的人，无论他走到哪里，都能带来文明的春风，得到人们的尊敬。

编写此书是为了更好地传承中华民族的礼仪文化，使其在现代社会发扬光大，从而提高人们的文明素养。

编 者

2012年11月于北京

目录

第一章

礼仪，人生成功之本

第一节　礼仪的来源

礼仪，是社会生活中由于风俗习惯而形成的为大家共同遵守的健康礼节和仪式，是文明社会人们彼此交往的基本修养。能否懂得并熟练运用得体优雅的现代礼仪，是一个人内在素养的表现，是一个人受教育程度的体现，也是一个人道德水准高低的标尺。在社交活动中，能否熟练运用得体的现代礼仪，是是否尊重他人的重要体现。

在生活中，无论成功或失意你都需经常问自己这样的问题：

别人在说话时，你有专心听吗？

你见到认识的人会微笑打招呼吗？

你对别人有意见时会三思之后再说吗？

你会诚恳地公开赞美别人吗？

你有克制自己不要提高嗓门、乱发脾气吗？

你叫得出每一个同事完整的姓名吗？

该说“谢谢”时你都说了吗？

你的仪容整洁吗？

礼仪包括仪容仪表、待人接物等方面，它贯穿于日常工作及生活交往的点滴之中，打招呼、握手、递名片、入座等司空见惯的行为都有各自的学问与规矩。首先，从个人修养的角度来看，礼仪是一个人内在修养和素质的外在表现。其次，从交际的角度来看，礼仪是人际交往中适用的一种艺术、一种交际方式或方法，是人际交往中约定俗成的示人以尊重、友好的习惯做法。再次，从传播的角度来看，礼仪是在人际交往中相互沟通的技巧。

有一种观点认为，礼仪起源于祭祀。东汉许慎的《说文解字》对“礼”字的解释是这样的：“礼，履也，所以事神致福也。从示从豊，豊亦声。”意思是实践约定的事情，用来给神灵看，以求得赐福。“礼”字是会意字，“示”指神，从中可以分析出“礼”字与古代祭祀神灵的仪式有关。古时祭祀活动不是随意进行的，它是严格按照一定的程序、一定的方式进行的。

也有一种观点认为，礼仪起源于法庭的规定。在西方，“礼仪”一词源于法语的“Etiguette”，原意是“法庭上的通行证”。古代法国为了保证法庭中活动的秩序，将印有法庭纪律的通告证发给进入法庭的每个人，作为遵守的规矩和行为准则。后来“Etiguette”一词进入英文，演变为“礼仪”的含义，成为人们交往中应遵循的规矩和准则。

此外，还有一种观点认为，礼仪起源于风俗习惯。人是不能离开社会和群体的，人与人在长期的交往活动中，渐渐地产生了一些约定俗成的习惯，久而久之这些习惯成为人与人交际的规范，当这些交往习惯被以文字的形式记录并同时被人们自觉地遵守后，就逐渐成为人们交际、交往固定的礼仪。1922年《西方礼仪集萃》一书问世，开篇中这样写道：“表面上，礼仪有无数的清规戒律，但其根本目的在于使世界成为一个充满生活乐趣的地方，使人变得和易近人。”

第二节　文明古国，礼仪之邦

从礼仪的起源可以看出，礼仪是人们在社会活动中，为了维护一种稳定的秩序，为了保持一种交际的和谐逐渐形成的。一直到今天，礼仪依然体现着这种本质特点与独特的功能。

我国是历史悠久的文明古国，几千年来创造了灿烂的文化，形成了高尚的道德准则、完整的礼仪规范，被世人称为“文明古国，礼仪之邦”，中国人也以彬彬有礼的风貌而著称于世。在浩如烟海的古代文献中，关于“礼”的记载可以追溯到先秦时代。如《诗·小雅·楚茨》：“献酬交错”“礼仪卒度”。《周礼·春官·肆师》：“凡国之大事，治其礼仪，以佐宗伯。”《史记·礼书》：“至秦有天下，悉内(纳)六国礼仪，采择其善。”《北齐书·皇甫和传》：“及长，深沉有雅量，尤明礼仪。”“致福曰礼，成义曰仪”，在古人的理解中，礼仪就是一种律己、敬人的行为规范，是表现对他人理解和尊重的过程和手段。

礼仪的“礼”字指的是尊重，即在人际交往中既要尊重自己，也要尊重别人。古人讲“礼仪者，敬人也”，实际上是一种待人接物的基本要求。礼仪的“仪”字，顾名思义，仪者仪式也，即尊重自己、尊重别人的表现形式。进而言之，礼仪其实就是交往艺术，就是待人接物之道。礼仪是指人们在社会交往中由于受历史传统、风俗习惯、宗教信仰、时代潮流等因素而形成，既为人们所认同，又为人们所遵守，是以建立和谐关系为目的的各种符合交往要求的行为准则和规范的总和。

第三节 礼仪与现代文明

礼仪是一张人际交往的名片。它可以帮助我们规范言谈举止，学会待人接物；塑造良好形象，赢得社会尊重；架设友谊桥梁，通向成功之路。礼仪又是帮助我们获得成功、创造幸福生活的通行证。所以说，知礼懂礼，注重礼仪，是每个人立足社会、成就事业和创造美好人生的重要条件。

礼仪的种类很多，有个人礼仪、家庭礼仪、社交礼仪、工作礼仪、服务礼仪和涉外礼仪等。我们不要求大家对每种礼仪都精通，但最好多懂一些一般的个人礼仪、家庭礼仪和社交礼仪。同时，做什么行业，对那个行业的礼仪应多关注一些。这样，对事业成功是大有好处的。

西汉的开国皇帝刘邦是个大老粗，不太讲究礼仪。有一天，他正在洗脚，一个叫郦食其的知识分子求见，刘邦不喜欢知识分子，就爱搭不理的，一点礼貌也没有。郦食其很生气，问他：“您是想做诸侯王呢，还是想夺取天下做皇帝呢？”刘邦说：“谁不想夺取天下做皇帝啊！”郦食其说：“您既然想做皇帝就不应该这么没礼貌。”刘邦一听赶紧起来，穿好鞋袜，请郦食其上座，并向郦食其道歉，请教破秦之计。郦食其把自己的计策毫无保留地告诉了刘邦，为他推翻秦朝和在楚汉战争中最终夺取胜利起到很大的作用。

从此，刘邦率先垂范，开始讲文明重礼仪，尊重知识分子，引得很多人才前来归附。

《文汇报》曾经刊登过这样一篇报道，题目是“一口痰‘吐掉’一项合作”。事情的经过是这样的：某医疗器械厂与美国客商达成了引进“大输液管”生产线的协议，准备第二天签约。可是，当该厂厂长陪同外商参观车间的时候，向墙角吐了一口痰，然后用鞋底去擦，这一幕让外商看到了，他让翻译给那位厂长送去一封信：“恕我直言，厂长的卫生习惯可以反映出工厂的管理素质。况且，我们今后要生产的是用来治病的输液皮管。贵国有句谚语：人命关天！请原谅我的不辞而别……”就这样，煮熟的鸭子飞了。

正是因为礼仪在人际交往中具有不可忽视的作用，有时甚至决定事情的最终结果。所以，在现代社会，任何人都不能轻视礼仪，都应学习礼仪、讲究礼仪。

一般说来，社会上讲文明礼貌的人越多，这个社会便越和谐、安定。如果我们每一个人都教养有素、礼貌待人、处事有节，我们的生活就会更多一些愉悦，而国家、社会就会更多一些有序与文明。从这一点讲，礼仪对社会起着政治、法律所起不到的作用。

因此，了解现代社会的交际方式，注意自己的言谈举止，展示自己的优雅仪态，是融入现代社会、做一个文明人的基本要求，也是兴国安邦的基石。

第二章

仓廪实而知礼节

“仓廪实而知礼节，衣食足而知荣辱……四维不张，国乃灭亡。”这句话出自春秋时期辅佐齐桓公成为第一霸主的管仲之口。意思是：老百姓粮仓充实就知道礼节，衣食饱暖就懂得荣辱……礼、义、廉、耻的伦理不大加宣扬，国家就会灭亡。

用现代眼光看，这句话正好符合唯物主义有关“物质决定意识”“经济基础决定上层建筑”“物质文明决定精神文明”等相关观点。在国家富强、生活富足的今天，礼节的倡导更具有现实意义。

第一节　礼仪是幸福生活的“通行证”

礼仪体现了人的精神面貌，代表了人的素养。——礼仪是幸福生活的“通行证”。

下面有两个真实的故事：

第一个，被认为“为世界装上轮子”的汽车大王福特在大学毕业时去一家汽车公司应聘，同时应聘的三四个人都比他学历高。当前面几个人面试完后，福特觉得自己没什么希望了，但既来之则安之，他敲门走进了董事长办公室。一进办公室就发现地面上有一张纸，他弯腰捡了起来，发现是一张渍纸，便顺手扔进了废纸篓里。正是由于这个小小的举动，福特被公司录用了。在福特的带领下，这个汽车公司名扬天下，最终更名为福特公司，引领美国汽车产业在世界上独占鳌头，甚至改变了整个美国的经济状况。

可见，文明真的不需要做什么惊天动地的大事，文明不过举手之劳，但它却是通往成功的第一张通行证，是成就人生伟业的基石。

第二个，北京某大公司高薪招聘员工，引来一大批高素质人才竞相角逐。最终，五个专业知识强的应聘者接受最后的面试。他们都满怀信心地走进经理办公室，这时，经理说："不好意思，年轻人，我有点儿事要暂时出去二十分钟，你们能等我吗？"五人异口同声地说："当然可以。"经理出去了，在办公室里无聊等待的他们看到办公桌上有很多文件，便都凑过去，一摞摞地翻看，不亦乐乎。

二十分钟后，经理准时回来了，说："面试到此结束。"几个年轻人觉得莫名其妙，不禁问道："我们还在等你呢，怎么就结束了？"经理说："我出去的二十分钟就是你们的面试时间，我们公司不需要未经人同意便随便翻看别人东西的人。虽然你们都很优秀，但是连最基本的礼节都不懂，我们不要。"五人哑口无言，深为自己的鲁莽而懊悔。

由此可以看出，没有了文明礼仪，就没有了基本的道德规范，纵然拥有高深的专业知识，对人对己对社会又有何用呢？据说蒙牛公司的用人原则是："有才有德，破格重用；有德无才，培养使用；有才无德，限制录用；无德无才，坚决不用。"所以，知礼懂礼，注重文明礼仪，是每个人立足社会的基本前提，是人们成就事业、获得美好人生的重要条件。

第二节　礼仪，从平凡生活开始

北京亚运村上岛咖啡大厅。窗外寒风呼啸，室内却温暖如春，杯中的铁观音茶飘出混合着热气的清香，北京服装学院年轻的郑华伟老师刚刚从中国政法大学的礼仪讲座上走下来。到处宣讲礼仪形象与公共关系的她首先把自己收拾得利落清爽：白色的丝巾、蓝色的毛衣加上披肩长发和国家级舞蹈师的身材，用现代人的审美眼光来看，非常符合礼仪形象标准。

2001年，郑华伟进入北京服装学院，成为这所高校的老师。一个公司新员工培训的项目使她发现形象礼仪的教学大有可为：她利用自己公共关系的专业知识给这家公司的450名新员工传授工作中应该注意的礼仪事项，很受欢迎。

2002年，朝阳区文化馆听说了她这方面的才能，专门请她为工作人员讲授礼仪知识——包括着装的原则，形体美的训练，以及待人接物应该注意的细节等。

2003年，朝阳区一个街道的春节晚会，请郑老师排练节目——公务员的一天。以表演节目的形式从礼仪形象方面讲授公务员日常工作中应该注意的礼仪行为——早中晚服装的变化、如何握手、打招呼、致意等，大受公务员的欢迎。

2003年，郑老师在服装学院开设了一门课程：大学生仪表塑造与公共关系，没想到这门课程有600多名同学选修，受到学生们的热捧。“其实对于礼仪的内涵以及外延，几年来我也是边讲课边探索，慢慢地有了自己的理论体系。我是学舞蹈出身的，特别注重形体美的塑造。”对于礼仪，郑老师有自己的感触。

2008年，郑老师正式成为“北京奥运礼仪宣讲团”的成员，从北大、清华、北航开始，在各大高校宣讲奥运礼仪。在每一所高校，郑老师的礼仪讲座都成了青年学子追捧的对象。“‘仓廪实而知礼节，衣食足而知荣辱。’社会越开放，经济越发展，人们对自己的形象，对美的需求就会越强烈。因此，这也是我的讲座比较受欢迎的原因吧。”一番开场白，郑老师就从深层次的原因解释了礼仪知识的实用性。

作为礼仪方面的资深专家，郑老师可谓经验十足。她首先请前排就座的一名男生模拟演练了应聘时的基本动作——敲门、关门和自我介绍。虽说简单，但很多同学却不懂其中的礼仪。随即郑老师从礼貌、礼节、仪表、仪式四个方面对礼仪进行了详细的讲解，如手的技巧和注意事项；乘坐交通工具时的座次；迎来送往方面的具体礼仪；交换名片、介绍与自我介绍的礼仪等。郑老师在讲到表情、手势、站姿、坐姿、行姿等体态语言时，要求同学们边学边做，这种现场的参与性极大地调动了同学们的积极性。讲座吸引了众多同学前来，现场座无虚席。一个半小时的充满互动性和趣味性的讲座，使同学们对日常礼仪有了细致的了解。一名同学听完讲座后感慨地说："大学生应该是素质最高的人群，但是我们对一些基本的礼仪知识却知之甚少，今天的收获很大。"

"人生幸福有三大基石：礼仪、道德和法律。而礼仪不像道德那样肃然，也不像法律那样严肃，它存在于生活的点点滴滴，是一种内在修养的表现。"郑老师这样阐述礼仪在现代社会中的意义。

第三节　历史经典案例：张良拜师

张良(约公元前205年—前186年)，西汉高祖刘邦的谋臣，他的祖先是战国时期韩国人。在秦灭韩后，张良立志为韩国报仇。有一次，因刺杀秦始皇未遂，受到追捕而避居到下邳。

有一天，张良到下邳桥上散步，一个老人穿着粗布短衣，走到他旁边，故意把鞋子掉到桥下，然后回过头来冲着张良说："孩子，下桥去给我把鞋子拾上来！"张良听了一愣，很想打他，但一看他是个老人，就强忍着怒气，到桥下把鞋拾了上来。那老人竟又命令他说："把鞋子给我穿上！"张良一想，既然已经给他捡上来了鞋子，不如就给他穿上吧，于是就跪在地上给他穿鞋。那老人把脚伸着，让张良给他穿好后，就走了。张良用惊奇的目光注视着他的去向。那老人走了不远，又折回身来，对张良说："你这个孩子是能培养成才的。5天以后的早上，天一亮，就到这里来同我会面！"张良跪下来说："是。"第5天天刚亮，张良到了下邳桥上。不料老人已经等在那里了，见了张良就生气地说："和老人约会，怎么迟到了？5天后的早上再来相会！"说完就离去了。到第5天早上，鸡一叫，张良就赶去，可是老人又等在那里了，见了张良又生气地说："怎么又比我晚？过了5天再早点来！"说完又走了。到第5天，张良没到半夜就赶到桥上，等了好久，那老人来了，老人高兴地说："这样才好。"然后拿出一本书来，指着说道："认真研读这本书，就能做帝王的老师了！过10年，天下形势有变，你就会发迹了。13年后，你就会在济北郡谷城山下看到我——那儿有块黄石就是我了。”老人说完就走了。

早上天亮时，张良拿出那本书来一看，原来是《太公兵法》(姜太公辅佐周武王伐纣的兵书)！张良十分珍爱它，经常阅读，反复地学习、研究。

10年过去了，陈胜等人起兵反秦，张良也聚集了100多人响应。沛公刘邦率领几千人马，在下邳的西面攻占了一些地方，张良归附于他，成为他的部属。从此张良依据《太公兵法》经常向沛公献计献策，沛公常常采用他的计谋。刘邦称帝后，封他为留侯。

张良始终不忘那个给他《太公兵法》的老人。13年后，他随从刘邦经过济北郡时，果然在谷城山下看见有块黄石，便把它取回，称之为“黄石公”，作为珍宝供奉起来，按时祭祀。张良死后，家人把这块黄石和他葬在一起。

第三章

仪表礼仪

仪表，即人的外表，包括容貌、举止、姿态、风度等，是一个人精神面貌的外在表现。在生活和工作中，人们为打造自己的形象而伤透了脑筋，美容增高，拉皮减肥，大笔的钱花了，效果却往往令人失望。

其实，尽管人们相貌不同，但是如果仪表修饰得体，我们就会发现，美，唾手可得。一般来说，端庄整洁的仪容、朴实大方的装扮是符合社会共同审美要求的。一个人的仪容仪表应该与他的年龄、身份、职业及所处的场合相符合，这样，就可以使自己的仪容仪表得以和谐地展现，就可以使自己得到周围人的认可和接受，就可以使自己变得更美、更具自信、更有魅力，可以这样说：仪表礼仪是人们走向成功的第一步。

第一节　修饰容貌

在日常生活或社交活动中，我们认识一个人，获得初步印象，先从哪里开始呢？

一般要先看长得怎么样——面部有什么特征，肌肤、轮廓、各个器官的特征，什么样的发型等；再看穿什么衣服，卫生情况，姿态怎样。这样便形成了对一个人的主观第一印象。

容貌在正式场合是非常重要的，主要修饰要点有：发型、面部、口部。

一、发型

发型最重要的是整洁、规范，长度适中，款式适合自己。对于男士来说，在重要的场合，头发一般不能剃光，同时也不能太长。前发不附额——不能挡住额头，不能有刘海；侧发不掩耳——两边头发不要挡住耳朵；后发不及领——后面的头发不要碰到衬衣的领子，否则一旦穿上白衬衫，头发碰到领子，很容易弄脏。对于女士来说，工作场合、重要场合，头发不能披散过肩，不可过分时尚前卫。

二、面部

面部的修饰原则除了整洁之外，还要注意面部多余毛发的处理，包括胡子、鼻毛和耳毛。如果没有特殊的宗教信仰和民族习惯，不要留胡子，胡子邋里邋遢，会给人蓬头垢面之感，要养成每日剃须的习惯。对于鼻毛长出鼻孔之外、耳毛长出耳孔之外的男士，鼻毛和耳毛也要适时地加以修剪。

三、口部

口部要注意无异味，无异物。吃完饭之后要及时刷牙，及时照镜子，不要让食物残渣留在嘴里尤其是牙齿上。在正式场合与人会面时，最好不要吃带有过分刺激性气味的食物，比如葱、蒜、韭菜等，以免嘴里的异味给别人带来不好的印象。

第二节　适当化妆

化妆就是使用化妆品进行自我修饰。这里的化妆品不仅指狭义上的美容，还包括护肤品、去味品、养颜品和美发品等。在交往应酬中，化妆是一种礼貌。现代社会，化妆已经不仅是女人的事，每个人都需要化妆。

一、化妆要自然

化妆的基本要求是自然。很多场合具体要求简化为八个字：化妆上岗，淡妆上岗。淡妆的要求是什么呢？即化妆之后没有痕迹，让别人觉得你是天生如此的美丽。如果我们不是去上电视做节目，不是去舞台表演的话，就没有必要化舞台妆。

二、化妆要协调

首先，化妆品要成系列，避免串味。其次，各个部位要协调。如指甲油最好跟唇彩是一个颜色。第三，化妆要与服饰协调。

三、化妆要避人

化妆也好，打扮自己也好，不要当众表演。化妆是一种个人隐私行为，在别人面前表演则有引人注目之嫌。有人喜欢上班时、开会时、没事时、等公共汽车时，拿出小镜子化妆或补妆，这是不注重礼仪的表现。

曾经发生过这样一件真实的事情：周女士年轻时长得很漂亮，一头飘逸的披肩长发垂至腰际，由于各方面能力比较强，被某大公司聘做总裁行政助理(秘书)。第一天上班时，周女士精心化妆，去公司上班。她到公司之后，发现别人总是看她，来与总裁洽谈事情的人，也要看她。她总是很有礼貌地报以微笑，心想，可能是自己漂亮，所以别人要忍不住多看几眼。

总裁进办公室后，周女士很快斟上茶水，用优雅的姿势轻撩滑落在眼前的头发，退出房间。

过了一段时间，她去给总裁倒水，发现总裁一口水都没喝。她优雅地理了一下滑落在眼前的头发，换掉凉水，如此三四次，到中午下班时，她一直感觉大家都在看她，总裁的水也一直没喝。

她感到很奇怪，不明白问题所在。

中午吃饭时，她请教一位关系较好的同事。同事把她带到洗手间，对着镜子说：你的妆都可以参加舞会了，你用时时理头发的手，给总裁倒水，总裁能喝吗？

所以容貌礼仪，要根据时间、地点、对象的变化来确定，不同的场合要用不同的容貌礼仪来展现自己。

第三节　着装礼仪

服装是对人所穿衣服的总称。在日常交往中，服装被视为人的“第二肌肤”，在社交场合，它是地位、身份的象征。

一、着装的要点

1.个体性。既要认同共性，又不能泯灭自己的个性，量体裁衣，扬长避短，在时间、场合允许的前提下，在某些方面与众不同。切忌追时髦随波逐流，使自己的着装丧失特色。

2.整体性。应当基于整体的考虑和精心的搭配，相互呼应、配合，恪守服装本身约定的搭配，如穿西装时应配皮鞋。

3.整洁性。服装不允许有褶皱、残破、补丁和污渍。

二、着装的忌讳

1.过露。如袒胸露背，暴露大腿、脚部和腋窝，在大庭广众前打赤膊等。

2.过透。如穿能透视内衣、内裤的服装等，这样有失检点，且易让人产生某些不好的想法。

3.过短。如为了标新立异而穿小一号服装，在正式场合穿短裤、小背心、超短裙等。

4.过紧。如为了展示线条，穿过于紧身的服装，把自己打扮得太性感等。

三、着装的选择

根据礼仪规范，选择着装类型，最重要的是要合乎身份、场合，维护形象，并且对交往的对象不失敬意。一般以TPP为基本原则，T、P、P三个字母，分别是英文时间(time)、地点(place)、目的(purpose)这三个单词的缩写。

1.时间。一年分春、夏、秋、冬四季，一天有24小时。冬天应穿保暖御寒的冬装，夏天穿通气、吸汗、凉爽的夏装。白天要面对他人，穿着应合身、严谨，晚上在自己的私人空间，穿着可宽大、随意。

2.地点。在室内或室外、闹市或乡村、国内或国外、单位或家中，着装的款式应有所不同。比如，穿泳装在海滨、浴场是很正常的，但穿它去上班、逛街，就很不正常。

3.目的。人们在穿着上往往要体现自己的某种目的，自尊，还是敬人；颓废，还是积极；放肆，还是内敛，都可以由此得知。比如，你身着款式庄重的服装前去应聘或洽谈生意，说明你郑重其事，渴望成功。在公务场合，对着装的基本要求是：端庄、稳重、传统，不适合穿牛仔装、运动装、家居装。在社交场合，对着装的基本要求是：典雅、时尚、个性，也不适合牛仔装、运动装、制服、工作服。在休闲场合，可选择舒适、方便、自然的款式，家居装、牛仔装、运动装都适合。

四、西装的穿着

1.穿着西装要讲究“三个三”，即三色原则、三一定律、三大禁忌。三色原则是指在正式场合穿西服套装时，全身颜色必须限制在三种之内，否则就会显得不伦不类，失之庄重；三一定律是指穿西服套装时，三个色彩必须协调统一，鞋子、腰带、公文包的色彩必须统一起来，一般以黑色为宜；三大禁忌是指袖口上的商标未拆，穿西装不穿皮鞋，在正式场合穿西装不配衬衫、不系领带，或里面只穿T恤衫、汗衫、棉毛衫等。

2.西装是男士的正装、礼服。在大多数社交活动中，男士都穿西装。西装可分工作用的西装、礼服式的西装、休闲用的西装等，对于一般人来说，同样一套西装配上不同衬衫、领带，差不多就可以每天穿着并应付多数的交际活动了。在各种类别的服装中，男士穿西装的讲究最多。

(1)西装款式与场合。现在男士常穿的西装有两大类，一类是平驳领、圆角下摆的单排扣西装；另一类是枪驳领、方角下摆的双排扣西装。另外西装还有套装(正装)和单件上装(简装)的区别。套装要求上下装面料、色彩一致，这种两件套西装再加上同色同料的背心(马甲)就成为三件套西装。套装如作正式交际场合的礼服用，色调应比较深，最好用毛料制作。在半正式交际场合，如办公室里一般性的会见，可穿色调比较浅的西装。在非正式场合，如外出游玩、购物等，最好穿单件的上装，配以其他色调和面料的裤子。

(2)西装穿着要领。穿双排扣的西装一般应将纽扣都扣上。穿单排扣的西装，如是两粒扣的只扣上面的一粒，三粒扣的则扣中间的一粒。在一些非正式场合，可以不扣纽扣。穿西装时衬衫袖口一定要扣上。西装的驳领上通常有一只扣眼，这叫插花眼，是参加婚礼、葬礼或出席盛大宴会、典礼时用来插鲜花的。西装的衣袋和裤袋里，不宜放太多的东西，最好将东西放在西装左右两侧的内袋里。西装的左胸外面有个口袋，这是用来插手帕的，此胸袋里不宜插钢笔或放置其他东西。

(3)西装与衬衫。穿西装时，衬衫袖应比西装袖长出1厘米~2厘米，衬衫领应高出西装领1厘米左右。衬衫下摆必须扎进裤内。若不系领带，衬衫的领口应敞开。在正式交际场合，衬衫的颜色最好是白色。

(4)西装与领带。领带是西装的灵魂。凡是参加正式交际活动，穿西装就应系领带。领带长度以到皮带扣处为宜。如穿马甲或毛衣时，领带应放在它们后面。领带夹一般夹在衬衫的第四、五个纽扣之间。

(5)西装与鞋袜。穿西装时不宜穿布鞋、凉鞋或旅游鞋。庄重的西装要配深褐色或黑色的皮鞋。袜子的颜色应比西装深一些，花色要尽可能朴素大方。

(6)西裤与西裤带。裤长标准为裤脚正好接着脚面，太长会影响裤的笔直，太短则可能在入座时露出腿部或腿毛，有失雅观。西裤带的选择必须雅观大方，带头不要太花哨，宽度以2.5厘米~3厘米为佳。不可在裤带、裤鼻上挂钥匙扣等物品。

五、衬衫的穿着

男士衬衫有内穿型和外穿型之别，这在国外是极讲究的。内穿型衬衫合体，穿着严谨。凡衬穿在外套内的应选穿内穿型衬衫。而外穿型衬衫较宽松，穿着随意，适合于直接以衬衫为外衣的场合。目前，国内市场普遍是内外兼穿的传统型衬衫，内穿型的极少。

1.衬衫款型要分清。正式场合配穿西装或礼服时，应选穿内穿型衬衫。衬衫穿在夹克衫或中山装里面时，以内穿型最好，内外兼穿型次之。当衬衫仅作外穿时，外穿型或内外兼穿型是比较适当的选择。

2.正规场合应穿白衬衫或浅色衬衫，配深色西装和领带，以显庄重。

3.衬衫袖子应比西装袖子长出1厘米左右，这既体现出着装的层次，又能保持西装袖口的清洁。

4.当衬衫搭配领带穿着时(不论配穿西装与否)，必须将领口纽、袖口纽和袖叉全部扣上，以显男士的刚性和力度。

5.衬衫领子的大小，以塞进一个手指的松量为宜。脖子细长者尤忌领口太大，否则会给人羸弱之感。

6.不系领带配穿西装时，衬衫领口处的一粒纽扣绝对不能扣上，而门襟上的纽扣则必须全部扣上，否则就会显得过于随便和缺乏修养。

7.配穿西装时，衬衫的下摆忌在裤腰之外，这样会给人不伦不类、不够品位的感觉。

8.应尽量选穿曲下摆式样的衬衫，这样既便于下摆掖进裤腰内，又使穿着舒适，腰臀部位平服美观。

六、裙装的穿着

迄今为止，没有任何一种女装在塑造女性形象方面，能像裙子一样“一览众山小”。对于女性来说，穿了得体的裙子，形象就会光鲜百倍，气质和风度也有了更好的体现。

裙装的美主要表现在它的造型优雅、轮廓多变上。裙装最能表现女性的俏丽风姿。裙装的多姿多彩和精美装饰也为女性追求个性美创造了条件。

1.种类选择

种类繁多的裙装面料，为不同季节、不同款式的裙装提供了多方面的选择。各类丝绸衣料，能强调裙装的款式，给人们以活跃、鲜艳、丰满的感觉，是制作旗袍、晚礼服的最佳面料；丝麻混纺、纱料及透明的皱纱面料，能展现出若隐若现的朦胧式的美感，是夏季连衣裙的最佳选择。一些无光泽的棉布、薄呢等制作的裙装，给人以稳重、高雅的感觉，十分适合日常穿用；厚重呢绒制成的秋冬季半截裙，使人显得庄重、沉着。

现代女性由于职业、地位、年龄、爱好的差异对裙装有着不同的要求。青年女性更喜欢短裙，它简洁清丽，能展现女性曲线，拔高身材。较流行的有紧身短裙、灯笼短裙、无腰短裙、迷你裙等。中老年女性多喜欢筒裙、旗袍裙。职业女性多着西装套裙，把注意力放在了裙装的格调上，或长上衣、短裙子，或短上衣、长裙子，剪裁合体，色彩典雅，充分体现了个性，增强了自身的感染力。知识女性更加追求裙装的品味，运用裙装的无声语言来表现自己的修养、学识、气质和社会地位，以赢得人们的信任和尊敬。

2.穿裙的禁忌

(1)裙、鞋、袜不搭配。鞋子应为高跟或半高跟皮鞋，颜色可与裙色相配；袜子一般为尼龙袜、高筒袜或过膝裤袜，颜色宜为单色，切勿把健美裤、九分裤当作长袜，袜口要没入裙内，不可暴露于外，袜子应当完好无损。

(2)光脚。光脚不仅显得不够正式，而且会使自己的某些瑕疵显露出来，还会被人视为故意卖弄风骚，有展示性感之嫌。

(3)三截腿。所谓三截腿，是指穿半截裙子，穿半截袜子，袜子与裙子中间露一段腿肚子，结果导致裙子一截，袜子一截，腿肚子一截，这是“恶性分割”，会被视为没有教养。

七、礼服的穿着

1.男士礼服

(1)大礼服。也称燕尾服，西式晚礼服的一种。深色高级衣料制成，前身较短，身后较长而下端分开像燕子尾巴，翻领上镶缎面，裤腿外侧有丝带，通常系白色领结，配黑色皮鞋，黑丝袜，戴白手套。

(2)晨礼服。通常上装为灰色或黑色，后摆为圆尾形，下装为深灰色黑条裤。戴黑礼帽，系灰领带，穿黑色皮鞋。参加规格较高的典礼、婚礼时穿。

2.女士礼服

(1)旗袍。紧扣的高领，贴身，衣长过膝，两旁开衩，斜式开襟。配穿高跟或半高跟皮鞋，或配穿面料高级、制作考究的布鞋。

(2)大礼服。为单色拖地或不拖地的胸、背稍露的连衣裙，配戴与裙子颜色相同的帽子和长纱手套。

(3)小礼服。长至脚面而不拖地的稍露背式单色连衣裙。

(4)常礼服。由质料、颜色相同的上衣和裙子搭配而成，可配带手套和帽子。

第四节　注意举止

古人云，腹有诗书气自华。举止是一种不会说话的“语言”，能在很大程度上反映一个人的素质、受教育的程度及能够被别人信任的程度。在社会交往中，一个人的行为既体现出他的道德修养、文化水平，又能表现出他与别人交往是否有诚意，更关系到其形象的塑造。因此，我们在交往中应该使自己成为举止优雅的人。

在正式的社交活动中，站、坐、走的姿势和手势、微笑等都有严格的规定。

一、站姿的礼仪

古人云“立如松”，站的姿式应该是自然、轻松、优美的。不论站立时摆何种姿式，只有脚的姿式及角度在变，而身体一定要保持绝对的挺直。

标准的站立姿式要求挺胸收腹，两肩平齐，双臂自然下垂。双腿靠拢，脚尖张开约60度，或双脚与肩同宽。站累时，脚可后撤半步，但上体仍需保持垂直，身体重心在两腿正中，精神饱满，表情自然。

站着与人交谈时，双手或下垂或叠放下腹部，右手放在左手上。不可双臂交叉，更不能两手叉腰，或将手插在裤袋里，或下意识地做小动作——摆弄打火机、香烟盒、玩衣带、弄发辫、咬手指甲等。但可随谈话内容适当做些手势。

穿礼服或旗袍时，绝对不要双脚并列，而应让两脚之间前后距离 5 厘米，以一只脚为重心。

向长辈、朋友、同事问候或作介绍时，不论握手或鞠躬，双足均应当并立，相距10厘米左右，膝盖要挺直。

等车或等人时，两足的位置可一前一后，保持45度角。

二、坐姿的礼仪

坐姿总的要求是舒适自然、大方端庄。在日常交往中，对入座和落座都有一定要求。入座时，动作要轻盈和缓，自然从容。落座要轻，不能猛地坐下，发出响声。

正确的坐姿是上身自然挺直，两臂屈曲放在双膝上，或两手半握放在膝上，手心都要向下。谈话时，可以侧坐。侧坐时上体与腿同时向一侧。要把双膝靠拢，脚跟靠紧。不要有摆弄手指、拉衣角、整理头发等懒散的姿态。

不雅坐姿有如下几种情况：两膝分开，两脚呈八字形；两脚尖朝内，脚跟朝外；在椅子上前俯后仰，或把腿架在椅子、沙发扶手上或架在茶几上；两腿交叠而坐时，悬空的脚尖向上或上下抖动；与人谈话时，上身往前倾或以手支撑着下巴。

坐姿要依据不同场合与环境相适应。如一般沙发椅较宽大，不要坐得太靠里面，可以将左腿跷在右腿上，显得高贵大方，但不宜跷得过高。女士尤其应注意，不能露出衬裙，这样会有损美观与风度。

在公共场所不要趴在桌子上，躺在沙发上，半坐在桌子或椅背上。

三、行走的礼仪

行走的姿式极为重要，因为人行走总比站立的时候多，而且一般又都是在公共场所进行的，自然地构成了别人的审美对象。行走时，步态应该轻，目视前方，身体挺直，双肩自然下垂，两臂摆动协调，膝关节与脚尖正对前进方向。行走的步子要大小适中，自然稳健，节奏与着地的重力一致。与女士同行，男士步子应与女士保持一致。总之，走姿是各种各样，没有固定模式，或矫健或轻盈，或显得精神抖擞，或显得庄重优雅，只要与交际场合协调并表现出自己的个性，都是正确的。

走路时应注意的事项：应自然地摆动双臂，幅度不可太大，只能小摆。前后摆动的幅度是45度左右，切忌做左右的摆动。应保持身体的挺直，切忌左右摇摆或摇头晃肩。膝盖和脚踝都应轻松自如，切忌走“外八字”或“内八字”。多人一起行走时，不要排成横队，不勾肩搭背。遇急事可加快步伐，但不可慌张奔跑。

四、手势的礼仪

在国际交往中，手势作为一种肢体语言，具有十分重要的意义。了解和熟悉某些常见的手势，有助于更准确地相互理解和交流，否则就容易使人误解。

例如：某些中国人爱以食指指着别人说话，这往往会引起欧美人士的极大反感，因为在欧美这是不礼貌的责骂人的动作。“到这边来”的手势用的很多，中国人习惯手臂前伸，手心向下，弯动手指，示意“过来”。而在欧美，这一动作却是招呼动物的表示。他们招呼人时，是将手掌向上伸开，伸曲手指数次。在中国，这一动作又被理解为招呼幼儿或动物。

在大部分中东和远东国家，一个手指表示“性手势”，所以用一个手指召唤人是对人的侮辱。在这些国家以及葡萄牙、西班牙和拉丁美洲国家，用手召唤人的正确姿势是：手心向下，挥动所有手指或挥动手臂。

竖起大拇指表示“好”和“行了”，通行于世界多数国家，而在澳大利亚，这个手势是粗野的。

在希腊和尼日利亚人面前摆手是对他们的极大侮辱，手离对方越近，侮辱性就越大。

手指弯曲，手心向前，拇指与食指弯曲合成圆圈，在美国表示“OK”；在日本和中国却表示钱；在拉丁美洲则是低级庸俗的动作。

第五节　掌握表情

表情是人的思想感情和内在情绪的外露。脸部则是人体中最能传情达意的部位，可以表现出喜、怒、哀、乐、忧、思等各种复杂的思想感情。在交际活动中，表情倍受人们的注意。在人的千变万化的表情中，眼神和微笑最具礼仪功能和表现力。因此，有人将好的表情形容成“社交通行证”。

一、眼神

眼睛是心灵之窗，它能如实地反映出人的喜怒哀乐。有的人在与陌生人交往时，不知怎样安置目光，总是对视或死盯着对方，这是不礼貌的。良好的交际目光应是坦然、亲切、和蔼、有神的。做到这一点的要领是：放松精神，把自己的目光放虚一点，不要聚集在对方脸上的某个部位，而是好像在用自己的目光笼罩对面的整个人。如果对对方的讲话感兴趣，就要用柔和友善的目光正视对方的眼睛；如果想要中断自己的话，可以有意识地将目光稍微转向他处。当对方因说了幼稚或错误的话而显得拘谨害羞时，不要马上转移自己的视线，相反，要继续用柔和理解的目光注视对方，否则，会被别人误解。当双方缄默不语时，不要再看着对方，以免使局面更加尴尬；谈得很投入时，不要东张西望，否则别人会认为你已听得厌烦了。

目光是富有表现力的一种“体态语”，适当的运用能对交往起到好的作用，否则会带来不必要的误解。斜视、漠视、瞥视的眼神少用为好。不同国家地区的民族习俗不同，他们的眼神运用也各有特点。如：阿拉伯人认为，对谈话人凝眸而视是礼貌的，与人对话而目光旁落是侮辱人的行为。而在非洲的尼日利亚，久久直视对方意味着对其不尊重。瑞典人交谈时，则喜欢你看着我，我看着你。

二、微笑

笑，是眼、眉、嘴和颜面的动作集合，它能够有效地表达人的内心感情。在人的各种笑颜中，微笑是最常见的、用途最广、损失最小而效益最大的。

微笑的基本做法是不发声，脸部肌肉放松，嘴角两端向上略微提起。

练习微笑，首先，微笑要是发自内心，发自肺腑，无任何做作之态，毫不虚伪的笑。只有笑得真诚，才显得亲切自然，与你交往的人才能感到轻松愉快。其次，进行技术性训练。因为人们微笑之时，口角两端向上翘起。练习时，为使双颊肌肉向上抬，口里可念着普通话的“一”字音。还可取厚纸一张，遮住眼睛下边部位，对着镜子，回忆过去的美好生活，使笑肌抬升收缩，嘴巴两端做出微笑的口型，随后放松面部肌肉，眼睛随之恢复原形。

第四章

语言礼仪

生活中，语言无处不在。语言是人心灵的体现，是表现人们心灵的窗口。

语言直接体现人们的思想，它推动人类的发展和进步。人类成为万物之灵就是因为掌握了语言。语言既能体现出真善美又能体现出假恶丑。作为现代社会的文明人，应自觉培养文明修养，注重自己的礼貌谈吐，讲究说话的艺术性，遵守语言的规范，掌握语言的使用方法，从而做到语言美。

第一节　交谈的态度

交谈是建立良好人际关系的重要途径，是连接人与人思想感情的桥梁，是增进友谊、加强团结的一种助力，是学习知识、增长才干的重要途径。

古人云："言为心声，语为人镜。"很多人不开口时仪表堂堂、气质优雅，一开口就露馅了。人们在交谈时所表现的态度，往往是其内心世界的真实反映。若想使交谈顺利进行，就务必要对自己的谈话态度予以准确把握、适当控制。

一、表情自然

表情，通常是指一个人面部的表情，即一个人面部神态、气色的变化和状态。人们在交谈时所呈现出来的种种表情，往往是其心态、动机的无声反映。为了表现自己交谈的诚意，应当对表情予以充分注意。

1.交谈时目光应专注，或注视对方，或凝神思考，和谐地与交谈内容相配合。眼珠一动不动，眼神呆滞，甚至直愣愣地盯视对方，都是极不礼貌的。目光游离，漫无边际，则是对对方不屑一顾的失礼之举，也是不可取的。如果是多人交谈，就应该不时地用目光与众人交流，以表示交谈是大家的，彼此是平等的。

2.在交谈时可适当运用眉毛、嘴、眼睛在形态上的变化，表达自己对对方所言的赞同、理解、惊讶、迷惑，从而表明自己的专注之情，并促使对方强调重点、解释疑惑，使交谈顺利进行。

3.交谈时的表情应与说话的内容相配合。与领导或外宾谈话，应当恭敬而大方；与朋友或家人谈话，应当亲切而温和；在公共场合发言，应当严肃而认真。

二、举止得体

人们在交谈时往往会伴随着做出一些有意无意的动作举止。这些肢体语言通常是自身对谈话内容和谈话对象真实态度的反映。因此，要对自己的举止予以规范和控制。

1.适度的动作是必要的。例如，发言者可用适当的手势来补充说明其所阐述的具体事由。倾听者则可以点头、微笑来反馈“我正在注意听”“我很感兴趣”等信息。适度的举止既可表达敬人之意，又有利于双方的沟通和交流。

2.避免过分、多余的动作。与人交谈时可有动作，但动作不可过大，更不要手舞足蹈、拉拉扯扯、拍拍打打。切勿在谈话时左顾右盼，或是双手置于脑后，或是高架“二郎腿”，甚至剪指甲、挖耳朵等。交谈时应尽量避免打哈欠，如果实在忍不住，也应侧头掩口，并向他人致歉。尤其应当注意的是，交谈时不要用手指指人，因为这个动作对对方是一种侮辱。

三、遵守惯例

除了表情和举止之外，人们在交谈时往往能通过一些细节来体现自己的谈话态度。为表达自己的诚意、礼貌与热忱，在这些细节的处理上要遵守一定的惯例。

1.注意倾听。倾听是与交谈相伴而行的一个重要环节，也是交谈顺利进行的必要条件。人们在交谈时务必要认真聆听对方的发言，用表情举止予以配合，从而表达自己的敬意，并为积极融入到交谈中去作最充分的准备。切不可追求“独角戏”，对他人的发言不闻不问，甚至随意打断对方的发言。

2.谨慎插话。交谈中不应当随便打断别人的话，要尽量让对方把话说完再发表自己的看法。如确实想要插话，应向对方打招呼：“对不起，我插一句行吗？”但所插之言不可冗长，一两句点到即可。

3.礼貌进退。参加别人谈话之前应先打招呼，征得对方同意后方可加入。相应地，他人想加入己方交谈，则应以握手、点头或微笑表示欢迎。如果别人在进行个别谈话，不要凑上去旁听。若确实有事需与其中某人说话时，也应等到别人说完后再提出要求。谈话中若有急事需要处理，应向对方打招呼并表示歉意。值得注意的是，男士一般不宜参与妇女圈子的交谈。

4.注意交流。交谈是一个双向或多向交流过程，需要各方的积极参与。因此在交谈时切勿造成“一言堂”的局面。自己发言时要给其他人发表意见的机会，别人说话时自己要适时发表个人看法，进行互动式交谈。

第二节 交谈的语言

语言是交谈的载体，交谈过程即语言的运用过程。语言运用是否准确恰当，直接影响着交谈能否顺利进行。因此，人们在交谈中要尤其注意语言的使用问题。

一、平易通俗

1.在日常交往中，人们所使用的语言应该是让人一听便懂的明白话。如果在交谈时堆砌词藻、卖弄学识，所使用的语言过于雕琢，甚至咬文嚼字、矫揉造作，满嘴的专业术语和子曰诗云则只会让人闻之生厌，不知所云。

2.交谈过程中应充分考虑对方的职业、受教育程度等因素。如果面对的是普通群众，所说之话更应力求平易通俗，以利于沟通与交流；如果面对的是受教育程度较高的人，语言可以根据双方交谈的实际内容而发生改变。

二、文明礼貌

日常交谈虽不像正式发言那样严肃郑重，但也不能不讲用语的文明礼貌。

1.在交谈中，要善于使用一些约定俗成的礼貌用语，如“您”“谢谢”“对不起”等。尤其应当注意的是，在交谈结束时，应当与对话方礼貌道别，如“有空再聊吧”“谢谢您，再见”等。即使在交谈中有过争执，也应不失风度，切不可来上一句“说不到一块儿就算了”“我就是认为我对”等。

2.交谈中应当尽量避免一些不文雅的语句和说法，不宜明言的一些事情可以用委婉的词句来表达。例如想要上厕所时，宜说：“对不起，我去一下洗手间。”或说：“不好意思，我出去一下。”

3.在交谈时切不可意气用事，以尖酸刻薄的话对他人冷嘲热讽，也不可夜郎自大、目中无人，处处教训指责别人。而应该谦虚大度，文雅用语，礼貌交谈。

三、简洁明确

在交谈时所使用的语言应当力求简单明了，应当言简意赅地表达自己的观点和看法，切忌喋喋不休、啰啰嗦嗦。这样不仅能提高工作效率，而且还可以体现自己的精明强干。

交谈时最基本的一点，就是要让他人准确无误地听懂自己的发言。因此交谈时务必要使用明确的语言。这里的“明确”，应当包含两层意思。

1.发音标准，吐字清晰。让对方听清自己的话是最起码的一点，否则就根本谈不上交流。一般来说，交谈应该以普通话作为正式标准用语。

2.所说之话含义明确，不可产生歧义，模棱两可，以免产生不必要的误会。

第三节 交谈的内容

交谈的内容是关系到交谈成败的决定性因素。一般来说，人们所选择的交谈内容，往往被视为个人品位、志趣、教养和阅历的集中体现。交谈内容的选择应当遵守一定的原则和要求。

一、切合语境

语境即说话的语言环境，它指的是说话的客观现场环境，包括时间、地点、目的以及交谈双方的身份等内容。在交谈内容的选择上要切合语境，主要有下面两层含义。

1.遵守“TPO”原则。T即时间，P即地点，O即场合。人们的交谈内容务必与交谈的时间、地点与场合相对应，否则就有可能犯错误。

2.符合身份。交谈者的身份也是语境的构成要素之一。根据交谈对象决定自己的谈话内容，而不是逢人便说，使自己成为人人厌恶的“大嘴巴”。

二、因人而异

所谓因人而异，即是指在交谈时要根据交谈对象的不同而选择不同的交谈内容。

1.谈话的本质是一种交流与合作，在选择交谈内容时，应当多为谈话对象着想，根据对方的性别、年龄、性格、民族、阅历、职业、地位而选择适宜的话题。如果完全不考虑这些因素，交谈就难以引起共鸣，难以达到沟通和交流的目的。

2.正是由于交谈各方往往有着不同的性别、年龄、阅历和职业，交谈中经常会出现彼此有不同的兴趣爱好、关注话题的情况。这时，应当本着求同存异的原则，选择大家都感兴趣的话题作为谈话内容，使各方在交谈过程中有来有往、彼此呼应。如果选择了双方都不感兴趣或者只有一方感兴趣的话题，交谈只能是不欢而散。因此交谈必须“求同”。

如果交谈各方在交谈中对某一问题产生了分歧，不妨进行适度的辩论。但这种辩论是建立在理性基础上的，如果谁也不能说服谁，就应当克制自己的情绪，保留不同意见。切不可为了强行说服别人而争得面红耳赤，导致不欢而散。因此交谈必须“存异”。

三、一般要求

除去上述几条具体原则外，人们在选择交谈内容时还应注意以下四点。

1.选择高雅的内容。应当自觉地选择高尚、文明、优雅的内容，例如哲学、历史、文学、艺术、风土、人情、传统、典故以及政策国情、社会发展等话题。不宜谈论庸俗低级的内容，如不正当男女关系、凶杀惨案，更不应参与讨论道听途说的消息。

2.选择轻松的内容。在交谈时要有意识地选择那些能给交谈对象带去开心与欢乐的轻松话题，除非必要，切勿选择那些让对方感到沉闷、压抑、悲哀、难过的谈话内容。

3.选择擅长的内容。交谈的内容应当是自己或者对方所熟知甚至擅长的内容。选择自己所擅长的内容，就会在交谈中驾轻就熟，得心应手，并令对方感到自己谈吐不俗，对自己刮目相看。选择对方所擅长的内容，则既可以给对方发挥长处的机会，调动其交谈的积极性，也可以借机向对方表达自己的谦恭之意，并可取人之长，补己之短。应当注意的是，无论是选择自己擅长的内容，还是选择对方擅长的话题，都不应当涉及交谈的一方一无所知的内容。否则便会使对方感到尴尬难堪，或者令自己贻笑大方。

4.回避忌讳的内容。每个人都有自己忌讳的话题，因此在交谈时务必要注意回避对方的忌讳，以免引起误会。例如不干涉对方的私生活，不询问对方单位的机密事宜等。

由于中外生活习惯的差异，许多国内司空见惯的话题往往是触犯外国人禁忌的敏感内容。因此在与外国人打交道时，尤其要注意回避对方忌讳的话题。例如，过分关心他人的行动去向，了解他人年龄、婚姻、收入状况，询问他人身高体重等，这些都被外国人视为对其个人自由的粗暴干涉，是交谈所不宜涉及的内容。

第四节 交谈的方式

交谈的方式，即人们在与他人进行交谈时所采用的具体的形式。交谈方式的选择恰当与否，对于能否正确进行人际沟通、恰当表达个人思想、友善传递敬人之意都起着相当关键的作用。

一、倾泻式交谈

倾泻式交谈，就是人们通常所说的“打开窗户说亮话”，无所不言，言无不尽，将自己的所有想法和见解统统讲出来，以便让对方较为全面客观地了解自己的内心世界。倾泻式交谈方式的基本特征是以“我”为主，畅所欲言。

采用倾泻式交谈方式，易赢得对方的信任，而且可以因势利导地掌握交谈的主动权，控制交谈走向。但此种交谈方式会给人以不稳重之感，有可能泄露自己的秘密，而且还会被人误以为是在和对方“套近乎”。

二、静听式交谈

静听式交谈，即在交谈时有意识地少说多听，以听为主。当别人说话时，除了给予必要的配合外，自己主要是洗耳恭听。在听的过程中努力了解对方思路，理清头绪，赢得时间，以静制动。

静听式交谈的长处在于它既是表示谦恭之意的手段，亦可后发制人，变被动为主动。但此种方式并非要人自始至终一言不发，而是要求以自己的片言只语和神情举止去鼓励、配合对方。否则就会给人以居高自傲、自命不凡之感。

三、启发式交谈

启发式交谈，即交谈一方主动与那些拙于辞令的谈话对象进行合作，在话题的选择或谈话的走向上对对方循循善诱、多方引导，或者抛砖引玉，鼓励对方采用恰当的方式阐述己见。

采用此种交谈方式时，切勿居高临下，企图控制对方，也不可存心误导对方、愚弄对方，令对方丢人现眼。

四、跳跃式交谈

跳跃式交谈，即在交谈中，倘若一方或双方对某一话题感到厌倦，或者问题不合时宜、无人呼应、难以回答时，及时地谈论另外一些较为适当的、双方都感兴趣的话题。

跳跃式交谈的长处在于可使交谈者避免冷场的尴尬，恢复交谈的顺利进行。但交谈者应使双方处于平等的地位，共同选择适当的内容。切勿单凭个人兴趣，频繁跳换话题，让对方无所适从。

五、评判式交谈

评判式交谈，即在谈话中听取了他人的观点、见解后，在适当的时刻，以适当的方法恰如其分地进行插话，来发表自己就此问题的主要看法。此种方式的主要特征是当面肯定、否定或补充、完善对方的发言内容。

六、扩展式交谈

扩展式交谈，即围绕着大家共同关心的问题，进行由此及彼、由表及里的探讨，以便开阔思路，加深印象，提高认识，达成一致。扩展式交谈的目标是使交谈者各抒己见，交换意见，以求集思广益。

扩展式交谈方式能使参与交谈的各方统一思想，达成共识，或者交换意见，完善各自观点。在进行扩展式交谈时，一定要注意就事论事，以理服人，善于听取他人意见，切不可自命不凡、强词夺理。

第五节 交际礼貌词语

俗话说："良言一句三冬暖，恶语伤人六月寒。"礼貌用语就属于良言之列，它在社交活动中起着非常重要的作用。

中国曾有"君子不失色于人，不失口于人"的古训，意思是说，有道德的人待人应该彬彬有礼，不能态度粗暴，也不能出言不逊。礼貌用语是尊重他人的具体表现，是开展友好关系的敲门砖。所以我们在日常生活中，尤其在社交场合中，使用礼貌用语变得十分重要。

一、问候语

无论在任何场合，与人见面都不应省略问候语。同时，无论何人以何种方式向你表示问候，都应给予相应的回复，不可置之不理。与人交往中，常用的问候语主要有："你好""早上好""下午好""晚上好"等。与外国人见面问候打招呼时，最好使用国际间比较通用的问候语。例如，英语应用"How do you do？(你好)"等。

二、欢迎语

欢迎语是接待来访客人时必不可少的礼貌语。例如"欢迎您""欢迎各位光临""见到您很高兴"等。

三、致歉语

在日常交往中，人们有时难免会因为某种原因影响或打扰了别人，尤其当自己失礼、失约、失陪、失手时，都应及时、主动、真心地向对方表示歉意。常用的致歉语有"对不起""请原谅""很抱歉""失礼了""不好意思，让您久等了"等。当你不好意思当面致歉时，还可以通过电话、手机短信等其他方式来表达。

四、请托语

请托语是指当你向他人提出某种要求或请求时应使用的必要的语言。当向他人提出某种要求或请求时，一定要“请”字当先，态度语气要诚恳，不要低声下气，更不要趾高气昂。常用的请托语有“劳驾”“借光”“有劳您”“让您费心了”等。在日本，人们常用“请多关照”“拜托你了”。英语国家一般多用“Excuse me(打扰)”。

五、征询语

征询语是指在交往中，尤其是在接待过程中，应经常地、恰当地使用诸如“您有事需要帮忙吗”“我能为您做些什么”“您还有什么事吗”“我可以进来吗”“您不介意的话，我可以看一下吗”“您看这样做行吗”等征询性的语言，这样会使他人或被接待者感觉受到了尊重。

六、赞美语

赞美语是指向他人表示称赞时使用的语言。在交往中，要善于发现、欣赏他人的优点长处，并能适时地给对方以真挚的赞美。这不仅能够缩短双方的心理距离，还能体现出你的宽容与善良。常用的赞美语有“很好”“不错”“太棒了”“真了不起”“真漂亮”等。面对他人的赞美，也应做出积极、恰当的反应。例如：“谢谢您的鼓励”“多亏了你”“您过奖了”“你也不错嘛”等。

七、拒绝语

拒绝语是指当不便或不好直接说明本意时，采用婉转的词语加以暗示，使对方意会的语言。在人际交往中，当对方提出问题或要求，不好向对方回答“行”或“不行”时，可以用一些推脱的语言来拒绝。例如：对经理交代暂时不见的来访者或不速之客，可以委婉地说：“对不起，经理正在开一个重要的会议，您能否改日再来？”“请您与经理约定以后再联系好吗？”如果来访者依然纠缠，则可以微笑着说：“实在对不起，我帮不了您。”

八、告别语

与人告别时神情应友善温和，语言要有分寸，具有委婉谦恭的特点。例如：“再次感谢您的光临，欢迎您再来”“非常高兴认识你，希望以后多联系”“十分感谢，咱们后会有期”等。

九、敬语

敬语亦称“敬辞”，它与“谦辞”相对，是表示尊敬和礼貌的用语。除了礼貌上必需之外，多使用敬语，还可以体现出一个人的文化修养。敬语通常用在比较正规的场合，常见的敬语有“请”“您”“阁下”“贵方”“尊夫人”等。尤其多用在称呼对方的亲属上。与别人谈话或给别人写信，敬称对方的亲属时，常常使用“令”“尊”“贤”三个字。在日常生活中，敬语也有一些习惯用法，如“请教”“包涵”“打扰”等。这些敬语使用的频率比较高。此外，常见的敬语还有：重教——尊称长者给予教诲。重问——尊称长者或上级的问题。重念——尊称长者或上级的挂念。拜望——意为探望。拜服——意为佩服。拜辞——意为告辞。呈——恭敬地送上去。用于晚辈对长辈或下级对上级。呈正——把自己的作品送请别人批评改正。赐教——给予指教。奉告——意为告诉。奉还——意为归还。奉陪——意为陪伴。贵庚——询问对方年龄。贵姓——询问对方姓名。惠存——请保存。多用于送人相片、书籍等纪念品时。惠顾——指对方到自己这里来。多用于商家对顾客。华翰——尊称别人的书信。华诞——尊称别人的生辰。恭候——恭敬地等候。请便——请对方自便。钧鉴——敬请长辈或首长看信。用于书信开头的称呼之后。高就——指离开原职另谋较高职位。高寿——用于询问老人的年纪。大作——尊称别人的文章。府上——尊称对方的家或老家。光临——宾客来到。光顾——商家多用以欢迎顾客。璧还——用于归还原主或辞谢赠品。璧谢——意为退还原物并表示感谢。多用于辞谢赠品。千金——称别人的女儿。驾临——指对方到来。宽衣——请别人脱下衣服。仰承——意为遵从对方的意图。

十、谦语

谦语亦称“谦辞”，它与“敬语”相对，是向人表示谦恭的一种词语。使用谦语和使用敬语一样，两者都体现了说话人本身的文明修养。它们是同一事物的两个方面，即对人使用敬语时，对己则使用谦语。常见的谦语，主要有以下几种：敢——表示冒昧地请求别人。敝——旧时用于与自己有关的事物。寒门——贫寒家庭。刍议——指自己的议论。错爱——表示感谢对方爱护。斗胆——形容大胆。痴长——用于年纪较大的人，说自己白白地比对方大若干岁。不才——自我谦称。笨鸟先飞——指能力差的人，做事恐怕会落后，比别人先行动。拙——多谦称自己的文章、见解等。卑职——旧时官吏自我谦称。老朽——老年人的自我谦称。才疏学浅——意为学而不广，学而不深。过奖——对方过分地表扬或夸奖。不敢当——表示承当不了。

十一、客套话

客套话即婉辞，是指对不便直言的事用委婉含蓄的词语来表达。在我们这样一个具有悠久文化传统的国家里，尤其是在社交场合，更要多运用婉辞，它能体现出一个人的素质。常用的客套话，主要有以下几种：慢走——用于送客人时的客套话。留步——是客人告辞时对主人说的话。借光——用于请别人给自己方便或向别人询问。劳驾——用于请别人做事或让路。少礼——称自己礼貌不周或请别人不拘小节。少陪——因事不能相陪。失敬——向对方表示歉意，责备自己礼貌不周。拨冗——多用于请求别人推开繁务，抽出时间做某事。久违——好久不见了。常用于久别重逢或书信中。久仰——仰慕已久。用于初次见面时。

第五章

应酬礼仪

与陌生人初次相识，或与熟人见面，都少不了礼仪，常言道：礼多人不怪。在人际交往的举手投足中，那些表现出比较高的礼仪教养的人，往往更能获得尊重，提高了自己的人格魅力，赢得了友谊。

第一节　称呼礼仪

称呼，通常指人们在日常交往中所采用的称谓语。在人际交往中，选择正确、适当的称呼，反映着自身的教养和对对方尊敬的程度，甚至还体现了双方关系所达到的程度和社会风尚，因此绝不能疏忽大意，随便乱用。

一、对亲属的称呼

亲属，即与本人有直接或间接血缘关系者。

首先，在日常生活中，对亲属的称呼已约定俗成，人所共知。例如，父亲的父亲应称呼祖父，父亲的祖父应称呼曾祖父，姑、舅之子应称呼表兄、表弟，叔、伯之子应称呼堂兄、堂弟。

其次，面对外人时，对亲属则可根据不同情况采用谦称或敬称。对本人的亲属，应采用谦称。称辈分或年龄高于自己的亲属，可在称呼前加“家”字，如家父。称辈分或年龄低于自己的亲属，可在称呼前加“舍”字，如舍弟。称自己的子女辈，则可在称呼前加“小”字，如小婿。

第三，对他人的亲属，通常应采用敬称。对其长辈，宜在称呼之前加“尊”字，如尊兄。对其平辈或晚辈，宜在称呼之前加“贤”字，如贤侄。若在其亲属的称呼前加“令”字，一般可不分辈分与长幼，如令堂、令郎。对待比自己辈分低、年纪小的亲属，可以直呼其名，使用其爱称、小名，或是在其名字之前加上“小”字，如娜娜、小刚等。但对比自己辈分高、年纪大的亲属，则不宜如此。

二、对朋友、熟人的称呼

对朋友、熟人的称呼，既要亲切、友好，又要不失敬意。以下几种具体的形式皆可采用：

1.敬称。对任何朋友、熟人，都可以用人称代词相称。对长辈、平辈，可称“您”；对待晚辈，则可称“你”。以“您”称呼他人，是为了表示自己的恭敬之意。对有身份者、年纪长者，可以“先生”相称。“先生”前还可以冠以姓氏，如李先生。对文艺界、教育界人士以及有成就、有身份者，均可称之为老师。在“老师”前也可加上姓氏，如张老师。对德高望重的年长者、资深者，可称“公”或“老”。具体做法是：将姓氏冠在“公”之前，如冯公。将姓氏冠在“老”之前，如季老 。若被尊称者名字为双音，则还可将其双名中的头一个字加在“老”之前，如可称马叙伦先生为叙老。

2.姓名类称呼。平辈的朋友、熟人，均可彼此之间以姓名相称。例如：易晓莲 、杨逸等。长辈对晚辈也可以这么做，但晚辈对长辈却不可如此。为了表示亲切，可以在被称呼者的姓前分别加上“老”“大”或“小”字来相称，而免称其名。例如，对年长于己者，可称老高、大刘；对年幼于己者，则可称小马。对同性的朋友、熟人，若关系极为亲密，可以不称其姓，而直呼其名，如胜男 、君伟。

3.亲密性称呼。对邻居，有时可采用大妈、大叔、阿姨等类似血缘关系的称呼，这种称呼，往往令人感到亲切。在这类称呼前，有时也可以加上姓氏。例如：梁大哥、翟大姐，等等。

三、对普通人的称呼

在现实生活中，对一面之交或关系普通的交往对象，可酌情采取下列几种具体方式称呼：第一，以同志相称；第二，以先生、女士、 小姐、夫人、太太相称；第三，以其职务、职称相称；第四，入乡随俗，采用对方所能理解并接受的称呼相称。

四、职务性称呼

在工作中，应以交往对象的职务相称，以示身份有别、敬意有加，这是一种最常见的称呼方法。以职务相称，具体来说又分为三种情况：第一，仅称职务。例如：局长、经理、主任等。第二，在职务之前加上姓氏。例如：张部长等。第三，在职务之前加上姓名(仅适用极其正式的场合)。例如：王伟局长等。

五、职称性称呼

对于具有技术职称者，尤其是具有中级、高级职称者，可以在工作中直接以其职称相称。下列三种情况较为常见：第一，仅称职称。例如：教授、医师等。第二，职称前加上姓氏。例如：洪律师、赵研究员。有时，这种称呼也可以约定俗成地简化，例如：可将周工程师简称为周工。但使用简称应以不发生误会、不产生歧义为前提。第三，职称前加上姓名(适用于十分正式的场合)。例如：杜英龙教授、辛茹菲主任医师等。

六、行业性称呼

在工作中，有时可按行业进行称呼。具体分为以下两种情况：其一，称呼职业。即直接以被称呼者的职业作为称呼。例如：将教师称为老师，将教练员称为教练，将警察称为警官，将医师称为医生或大夫，等等。在一般情况下，在此类称呼前均可加上被称呼者的姓氏或姓名。其二，称呼小姐、女士、先生。对商界、服务业从业人员，一般约定俗成地按其性别的不同分别称之为小姐、女士或先生。其中，小姐与女士二者的区别在于：未婚者称小姐，已婚者或不明确其婚否者则称女士。在公司、银行、宾馆、商店、餐馆、歌厅、酒吧以及交通行业，此种称呼极其通行。在此种称呼前，亦可加姓氏或姓名。

第二节　介绍礼仪

在日常生活和工作中，人们需要与其他的人进行必要的沟通，以寻求理解、帮助和支持。介绍，就是人际交往中与他人进行沟通、增进了解、建立联系的一种最基本、最常规的方式。它是经过自己主动沟通或者通过第三者从中沟通，从而使交往双方相互认识、建立联系的一种具体的交际方法。换言之，介绍是人与人之间进行相互沟通的出发点。

在社交场合，如能正确地进行介绍，不仅可以扩大自己的交际圈，广交朋友，而且有助于自己进行必要的自我展示、自我宣传，并且使自己在人际交往中消除误会、减少麻烦。

一、介绍自我

亦称自我介绍。简言之，它是在必要的社交场合，由自己担任介绍的主角，将自己介绍给其他人，使交往对象或公众认识自己、了解自己。依照表述内容的不同，自我介绍可分为下述几种具体形式：

1.应酬式自我介绍。通常适用于某些公共场合和一般性的社交场合，如旅行途中、宴会过程中、舞场之上、通电话时等。介绍的对象，主要是进行一般性接触的交往对象。对介绍者而言，对方属于泛泛之交，或者早已耳闻，进行自我介绍只不过是为了确认身份而已，故此种自我介绍的内容要少而精。

应酬式的自我介绍内容最为简洁，往往只包括姓名一项即可。例如：您好！我的名字叫刘云。

2.公务式自我介绍。主要适用于工作之中。它是以工作为自我介绍的中心，因工作而交际，因工作而交友。

公务式的自我介绍的内容，应当包括本人姓名、供职的单位及部门、担任的职务或从事的具体工作三项。它们是公务式自我介绍内容的三要素，缺一不可。第一项姓名，应当一口报出，不可有姓无名，或有名无姓。第二项供职的单位及部门，有可能的话，最好全部报出，具体工作部门有时可以暂不报出。第三项担任的职务或从事的具体工作，有职务者最好报出职务，职务较低或者无职务者，则可报出目前所从事的具体工作。例如：你好！我叫毕晓华，是大连市政府外办的礼宾处处长。

3.交流式自我介绍。也叫社交式自我介绍或沟通式自我介绍。主要适用于社交活动中，它是一种刻意寻求与交往对象进行进一步交流与沟通，并希望对方认识自己、了解自己、与自己建立联系的自我介绍。

交流式自我介绍的内容，大体应当包括介绍者的姓名、工作、籍贯、学历、兴趣以及与交往对象的某些熟人的关系，等等。不要求面面俱到，可依照具体情况而定。例如：我叫祁云山，现在在大中公司当财务总监，我和您太太是大学同学。

4.礼仪式自我介绍。通常适用于讲座、报告、演出、庆典、仪式等一些正式而隆重的场合。它是一种意在表示对交往对象友好、敬意的自我介绍。

礼仪式自我介绍的具体内容，亦包含姓名、单位、职务等项，但是还应多加入一些适宜的谦辞、敬语，以示自己礼待交往对象。例如：各位来宾好！我叫方志平，是四达公司的董事长。现在，由我代表本公司热烈欢迎大家光临我们的剪彩仪式，谢谢大家的支持！

二、介绍他人

介绍他人，通常又称第三者介绍，它指的是经第三者为彼此不相识的双方引见、介绍的一种具体的介绍方式。根据实际需要的不同，为他人做介绍时的内容往往会有所不同。

1.标准式。适用于正式场合，其内容以双方的姓名、单位、职务等为主。例如：我来给两位介绍一下，这位是南江公司公关部部长吕文小姐，这位是西霸集团总经理汪定安先生。

2.简介式。适用于一般的社交场合，其内容往往只有双方姓名一项，甚至可以只提到双方姓氏为止。接下来，则要由被介绍者见机行事。例如：我来介绍一下，这位是小谢，这位是老周，你们两位彼此认识一下吧。

3.强调式。适用于各种交际场合，其内容除被介绍者的姓名外，往往还会刻意强调一下其中某位被介绍者与介绍者之间的特殊关系，以便引起另一位被介绍者的重视。例如：这位是飞跃公司的销售经理李红军先生。这位是刘晓梅，她在市商标局工作，是我的侄女，请李经理多多关照。

4.引见式。适用于普通的社交场合。做这种介绍时，介绍者所要做的主要是将被介绍者双方引导到一起，而往往不需要表达任何具有实质性的内容。例如：两位认识一下如何？大家其实都是校友，只不过以前彼此不认识。现在，请你们两位来自报家门吧。

5.推荐式。适用于比较正式的场合，多是介绍者有备而来，有意要将某人举荐给某人，因此在具体内容方面，通常会对被举荐人的优点加以重点介绍。例如：这位是夏云清先生，这位是我们公司的王亚洲总经理。夏先生既是一位管理方面的专业人士，又是一位经济学博士。王总，我想您一定乐于认识他吧？

6.礼仪式。适用于正式场合，是一种最为正式的他人介绍。其内容略同于标准式，但在语气、表达、称呼上，则更为礼貌、谦恭。例如：何教授，您好！请允许我把厦门市商务局的邹剑南先生介绍给您。邹先生，这位就是苏州大学文学院的何风教授。

三、介绍的应对

在进行他人介绍时，介绍者与被介绍者都要注意自己的表达、态度与反应。此即所谓他人介绍的应对问题。

介绍者为被介绍者做介绍之前，不仅要尽量征求一下被介绍者双方的意见，而且在其开始介绍时还应再打一下招呼，切勿上去开口即讲，显得突如其来，令被介绍者措手不及。

被介绍者在介绍者询问其是否有意认识某人时，一般不应加以拒绝或扭扭捏捏，而应欣然表示接受。实在不愿意时，则应说明具体缘由。

当介绍者走上前来，开始为被介绍者进行介绍时，被介绍者双方均应起身站立，面带微笑，大方地目视介绍者或对方，神态自然、专注。

当介绍者介绍完毕后，被介绍者双方应依照合乎礼仪的顺序进行握手，并且彼此问候对方。此时的常用语有："您好，很高兴认识您""久仰大名""认识您非常荣幸""幸会，幸会"等等。必要时，还可做进一步的自我介绍。

此时此刻，不要有意拿腔拿调，或是心不在焉。更不要奴颜婢膝、低三下四、阿谀奉承。

第三节　握手礼仪

在人与人会面时，相识或不相识者之间往往都需要以适当的方式向交往对象行礼，以示自己对对方的尊重、友好、关心与敬意。此种礼仪，即所谓会面礼节，也就是人们会面时约定俗成的互行的礼仪。

在不同的历史时期、不同的文化背景之下，人们所采用的会面礼节往往千差万别。常见的包括：点头礼、举手礼、致意礼、脱帽礼、握手礼、拥抱礼、亲吻礼、鞠躬礼、合十礼、吻手礼、吻足礼、碰鼻礼、拱手礼、叩头礼、跪拜礼、屈膝礼，等等。但当今在我国乃至世界各国最为通行的会面礼节却只有一种，就是人们在日常生活中经常采用的握手礼。

一、握手的次序

根据礼仪规范，握手时双方伸手的先后次序，应当在遵守尊者决定原则的前提下，具体情况具体对待。尊者决定原则是指：在两人握手时，各自应首先确定握手双方彼此身份的尊卑，然后以此决定伸手的先后。通常应由位尊者首先伸出手来，即尊者先行。位卑者只能在此后予以响应，而决不可贸然抢先伸手，不然就是违反礼仪。

具体涉及的情况有以下几种：第一，年长者与年幼者握手，应由年长者首先伸出手来。第二，长辈与晚辈握手，应由长辈首先伸出手来。第三，老师与学生握手，应由老师首先伸出手来。第四，女士与男士握手，应由女士首先伸出手来。第五，已婚者与未婚者握手，应由已婚者首先伸出手来。第六，社交场合的先至者与后来者握手，应由先至者首先伸出手来。第七，上级与下级握手，应由上级首先伸出手来。第八，职位、身份高者与职位、身份低者握手，应由职位、身份高者首先伸出手来。

二、握手的方式

握手的标准方式是：行礼时行至距握手对象约1米处，双腿立正，上身略向前倾，伸出右手，四指并拢，拇指张开与对方的手相握。握手时，应用力适度，上下稍许晃动三四次，随后松开手来，恢复原状。

1.与人握手时，理当神态专注、热情、友好、自然。在正常的情况下，与人握手时应面含笑意，目视对方双眼，并且口道问候。

2.向他人行握手礼时，只要有可能，就应起身站立。除非长辈或女士，坐着与人握手是不合适的。握手时最好的做法，是双方将要相握的右手各向侧下方伸出，伸直相握后相互形成一个直角。

3.以右手单手与人相握，是最常用的握手方式。进而言之，单手与人相握时，手掌垂直于地面最为适当，这一方式叫做“平等式握手”，意在表示自己不卑不亢。与人握手时掌心向上，意在表示自己谦恭、谨慎，这一方式叫做“友善式握手”。

双手相握，即用右手握住对方右手后，再以左手握住对方右手的手背。这种方式，适用于亲朋故旧之间，可用以表达自己的深厚情意。一般而言，此种方式的握手不适用于初识者或异性，因为它有可能被理解为讨好或失态。

4.与人握手时，为了向交往对象表示热情友好，应当稍许用力，大致握力以在两公斤左右为宜。与亲朋故旧握手时，所用的力量可以稍微大一些；而在与异性以及初次相识者握手时，则千万不可用力过猛。

5.在普通情况下，与他人握手的时间不宜过短或过长。大体来讲，握手的全部时间应控制在3秒钟以内，握上一两下即可。

第四节　名片的使用

名片是我国古代文明的产物。据清代学者赵翼在其著作《陔余丛考》中的记载："古人通名，本用削木书字，汉时谓之谒，汉末谓之刺，汉以后则虽用纸，而仍相沿曰刺。"可见，名片的前身即我国古代所用的"谒""刺"。

名片发展至今，已是现代人交往中一种必不可少的联络工具，成为具有一定社会性、广泛性，便于携带、使用、保存和查阅的信息载体之一。基层公务员在各种场合与他人进行交际应酬时，都离不开名片的使用。而名片的使用是否正确，已成为影响人际交往成功与否的一个因素。

一、递交名片

在递交名片时，要注意以下几个要点：

1.观察意愿。除非自己想主动与人结识，否则名片务必要在交往双方均有结识对方并欲建立联系的意愿的前提下发送。这种愿望往往会通过"幸会""认识你很高兴"等一类谦语以及表情、体态等非语言符号体现出来。如果双方或一方并没有这种愿望，则无需发送名片，否则会有故意炫耀、强加于人之嫌。

2.把握时机。发送名片要掌握适宜时机，只有在确有必要时发送名片，才会令名片发挥功效。发送名片一般应选择初识之际或分别之时，不宜过早或过迟。不要在用餐、听戏剧、跳舞之时发送名片，也不要在大庭广众之下向多位陌生人发送名片。

3.讲究顺序。双方交换名片时，应当首先由位低者向位高者发送名片，再由后者回复前者。但在多人之间递交名片时，不宜以职务高低决定发送顺序，切勿跳跃式进行发送，甚至遗漏其中某些人。最佳方法是由近而远、按顺时针或逆时针方向依次发送。

4.先打招呼。递上名片前，应当先向接受名片者打个招呼，令对方有所准备。既可先做一下自我介绍，也可以说声“对不起，请稍候” “可否交换一下名片”之类的提示语。

5.表现谦恭。对于递交名片这一过程，应当表现得郑重其事。要起身站立主动走向对方，面带微笑，上体前倾15度左右，以双手或右手持握名片，举至胸前，并将名片正面面对对方，同时说：“请多多指教”“欢迎前来拜访”等礼节性用语。切勿以左手持握名片。递交名片的整个过程应当谦逊有礼，郑重大方。

二、接受名片

接受他人名片时，主要应当做好以下几点：

1.态度谦和。接受他人名片时，不论有多忙，都要暂停手中一切事情，并起身站立相迎，面含微笑，双手接过名片。至少也要用右手接名片，不得使用左手。

2.认真阅读。接过名片后，先向对方致谢，至少用一分钟时间将名片从头至尾默读一遍，遇有显示对方荣耀的职务、头衔，不妨轻读出声，以示尊重和敬佩。若对对方名片上的内容有所不明，可当场请教对方。

3.精心存放。接到他人名片后，切勿随意乱丢乱放、乱揉乱折，而应谨慎地置于名片夹、公文包、办公桌或上衣口袋之内，且应与本人名片区别放置。

4.有来有往。接受了他人的名片后，一般应当即刻回给对方一张自己的名片。没有名片、名片用完了或者忘了带名片时，应向对方作出合理解释并致以歉意，切莫毫无反应。

第五节 记住别人的名字

戴尔·卡耐基说："一种既简单又最重要的获取好感的方法，就是牢记别人的姓名。"记住别人的姓名是一种礼貌，也是一种感情投资，在人际交往中会起到意想不到的效果。

美国一家电器公司的董事长请公司的代理商和经销商吃饭，他私下让秘书按座位把每位来宾的名字依次记下。这样，董事长在饭桌上与每位老板交谈时能随口叫出他们的名字，这使在座的每个人都惊讶不已，生意也顺利地谈成了。

世界上天生就能记住别人名字的天才并不多见。而一旦你掌握了记住别人姓名的技巧，它就能使你在人际关系和社会活动中占有很多优势。它不但是获得友谊、达成交易、得到新的合作伙伴的通行证，而且能立即产生其他礼节所达不到的效果。

一、要集中精力

当你第二次与人见面10秒钟后还在绞尽脑汁追忆这个被忘却的名字时，那是因为你与其初识时注意力没有集中。如果你在别人自我介绍时未能集中注意力，就应该礼貌地请他再重复一遍。

在大型聚会上，你应该预先决定自己要注意哪一位，因为谁也不能一下记住好几个陌生人的名字。如果你告诫自己"我要特别注意经理妻子的名字"，你就会记住它。如果你在参加社交活动前，提前对这些名字和头衔有所了解，在第二次听到这些名字时，就会很快地回想起来。

二、脸庞形象化

如果你只想通过死记硬背来记住别人的名字，可能会很快将他们忘掉。但假如你把他的名字和脸庞以难忘的形象戏剧化，就会轻易地记起来。

记住新名字的最佳办法就是采用“联想—夸张”法，在两个不相同的事物之间构成一定的联系。具体办法是：刚刚结识一张新面孔后，要聚精会神地凝视他的脸庞。看是否有特别令人感兴趣、吸引人或与众不同之处，例如：头发是否又黑又整齐、眉毛是否很浓、眼睛是否特别明亮等，从这些特点中选出一个，然后再通过夸张等方式储存到记忆中去。如果某人的眉毛特别重，可将它喻为一把利剑或刷子。

三、恰当的联想

一旦你已经记住了某人的特点，要通过最基本的甚至是有趣的联想将这个人的名字转换成一个难忘的形象。其中最简单的联想所产生的效果最佳。主要的联想方式有颜色联想、年代联想、地名联想、物体联想等。

当你为一个新名字找到了戏剧性的形象时，就要将它配到那个具有明显特征的人的脸上。如果你能使这些形象互相作用互相影响，就会轻易地回忆起这个人的名字。如果一个人的名字很不一般，不妨请他作些解释。许多外国人的名字第一次很难记住，那么，请他讲讲名字的源出及拼法，也能帮助记忆。

四、不断重复

认识一个新朋友后，在与他的交谈中，要尽可能多地在合适时重复他的名字。这样，在谈话结束时，这个名字已深深地刻在你的脑子里了。事后，你也可能要将这人的名字及你所记住的形象写下来，为将来的进一步加深印象作好准备。

训练自己记住别人的名字可能需要多次锻炼，而一旦你掌握了这一门技巧，那人们也定会记住你。

第六章

待人礼仪

“有朋自远方来，不亦乐乎？”但对于朋友的来访，主客都应该遵循相应的礼仪规范。

第一节　拜访礼仪

在人际交往过程中，相互拜访是常有的事，如果懂得拜访礼仪，无疑会为拜访活动增添色彩。

拜访时应遵循以下原则：

一、有约在先

拜访之前必须提前预约，这是最基本的礼仪。一般情况下，应提前三天给被拜访者打电话，简单说明拜访的原因和目的，确定拜访时间，经对方同意以后才能前往。

二、自身仪表不可忽视

肮脏、邋遢、不得体的仪表，是对被拜访者的轻视。被拜访者会认为你不把他放在眼里，这对拜访效果有着直接的影响。一般情况下，登门拜访时，女士应着深色套裙、中跟浅口深色皮鞋配肉色丝袜；男士最好选择深色西装配素雅的领带，外加黑色皮鞋、深色袜子。

三、具备较强的时间观念

拜访他人不能迟到，这是一般的常识，也是拜访活动中最基本的礼仪之一。早些到可以借富裕的时间整理拜访时需要用到的资料，并正点出现在约定好的地点。而迟到则是失礼的表现，不但是对被拜访者的不敬，也是对工作不负责任的表现，被拜访者会对你产生看法。

值得注意的是：如果因故不能如期赴约，必须提前通知对方，以便被拜访者重新安排工作。通知时一定要说明失约的原因，态度诚恳地请对方原谅，必要时还需约定下次拜访的日期、时间。

四、举止大方，温文尔雅

见面后，打招呼是必不可少的。如果双方是初次见面，拜访者必须主动向对方致意，简单地做自我介绍，然后热情大方地与被拜访者行握手礼。如果双方不是初次见面，主动问好致意也是必须的，这样可显示出你的诚意。说到握手，我们不得不强调一点，如果对方是长者、高职或女性，自己绝对不能先将手伸出去，这样有抬高自己之嫌，同样可视为对他人的不敬。

见面礼行过以后，在主人的引导之下，进入指定房间，待主人落座以后，自己再坐在指定的座位上。

五、把握拜访时间

拜访时间不宜拖得太长，否则会影响对方其他工作的安排。如果双方在拜访前已经设定了拜访时间，则必须把握好已规定的时间。如果没有对时间问题做具体要求，那么就要在最短的时间里讲清所有问题，然后起身离开，以免耽误被拜访者处理其他事务。

六、拜访结束

拜访结束时，如果谈话时间过长，那么在起身告辞时，要向主人表示歉意。出门后，回身主动与主人握别，说“请留步”。待主人止步后，走几步再回首挥手说“再见”。

第二节　待客礼仪

社交中，接待来访客人是一门艺术。待客热情、周到、礼貌就会赢得朋友的尊敬。如果不注意待客礼节，就会使客人不悦，甚至因此而失去朋友。

一、提前准备

家里有客人来访，应提前做准备。主人的服饰要整洁，家庭布置要干净美观，孩子要懂得称呼人，水果、点心、饮料、烟酒、菜肴等要提前备好。如果是正式的宴请，如婚礼、寿诞等，还要送请柬或电话邀请，以确定宴请时间、场所，安排好座次，落实宴请形式、规模、档次。

二、迎接客人

客人在约定时间到达，主人应提前到门口迎接，最好夫妇一同前往，女主人在前，不宜在房中静候。如果客人突然临门，要热情招待，若室内未清理，应致歉并适当收拾，但不宜立即打扫，因为打扫有逐客之意。

三、问候寒暄

见到客人，应热情招呼，女主人应主动上前握手。如果客人手提重物，应主动帮忙，对长者或体弱者可上前搀扶。进入室内应把最佳位置让给客人坐。如果客人是初次来访，应向其他家人或客人做介绍。主人要面带微笑，步履轻松，不能有疲惫心烦之相。

四、敬烟敬茶

一般情况下，如果来客是男士，一落座应马上敬烟。敬烟忌用手直接取烟，应打开烟盒弹出几支递到客人面前，请客人自取，敬烟不能忘了敬火，若主人也会吸，应先客后主。冲泡茶时要清洁茶具；多杯茶时应把茶杯一字儿排开来回冲，每杯茶水量以杯高的2／3为宜；敬茶时应双手捧上，放在客人的右手上方，先敬尊长者。

五、陪客交谈

主人奉上烟茶糖果之后，应及时与客人交谈，话题内容可视实际而定。一般来说，应谈一些客人熟悉的事情，若无法陪客人交谈，可安排身份相当者代陪或提供报纸杂志、打开电视供客人消遣，切不可出现主人只管自己忙而把客人晾在一旁的现象。

六、送客礼节

当客人散席或准备告辞时，主人应婉言相留。客人要走，应等其起身后，主人再起身相送，家人也应微笑起立，亲切告别。若客人来时带有礼物的，应再次提及对礼物的感谢，或回赠礼物，并不忘提醒客人是否有东西遗忘，或询问有什么事需要帮忙。送客应送到大门口或街巷口，切忌跨在门槛上向客人告别或客人前脚一走就“啪”一声关门。如果客人是初次来，主人应主动指路或安排车辆送客。对于远方来客，主人应送至火车站、机场或码头，并说祝愿话语或发出再来的邀请。

第三节　公务接待礼仪

公务接待活动基本包括会见、会谈、签字等比较规范的活动。由于交往双方往往代表着自己所在的单位和部门，所以每一个公务人员以及相关接待人员更需要注意接待礼仪，只有这样，才能使单位的形象通过自己良好的素质展示以及得体到位的规范接待而树立起来，同时也促使双方交往和合作项目得到良好的展开。

一、座次礼仪

1.会议座次礼仪。基本上按照“以左为尊”的原则。会议主席台领导为单数时，主要领导居中，2号领导在1号领导左手位置，3号领导在1号领导右手位置，排列顺序为：7 5 3 1 2 4 6。领导为偶数时，1、2号领导同时居中，可以是2号领导依然在1号领导左手位置，3号领导依然在1号领导右手位置，按照7 5 3 1 2 4 6 8的顺序排列；也可以按照8 6 4 2 1 3 5 7的顺序排列。(以上排列均指面向观众)两种方法没有正确不正确之分，可根据当地的习惯确定。

2.宴会座次礼仪。基本上按照“以右为尊”的原则。一般主陪在面对房门的位置，副主陪在主陪的对面，1号客人在主陪的右手，2号客人在主陪的左手，3

号客人在副主陪的右手，4号客人在副主陪的左手。宴会人数较多时，应安排桌签以供客人确认自己的位置。

3.签字仪式座次礼仪。签字主方在左边，客方在主方的右边。双方其他人数一般对等，按主客左右排列。

二、乘车礼仪

当有专职司机开车时，小轿车1号座位在司机的右后边，2号座位在司机的正后边，3号座位在司机的旁边(如果后排乘坐三人，则3号座位在后排的中间，4号座位在司机的旁边)；中轿主座在司机后边的第一排，1号座位在临窗的位置，2号在第一排右侧。如果是主人自己开车，则要请主宾坐到主人的右侧，即副驾驶的位置。

三、乘电梯礼仪

出入无人控制的电梯时，引领者先入后出，操纵电梯。出入有人控制的电梯时，引领者后入后出。

四、走楼梯礼仪

当宾主双方并排行进时，引领者走在外侧，让来宾走在内侧。单排行进时，引领者应走在前，起引路的作用，来宾走在后。

五、倒茶礼仪

应遵循酒满茶半的习俗。茶不要倒太满，以八分为宜；水温不宜太烫；上茶时应以右手端茶，从客人的右方奉上；敬茶时应按照职务从高到低的顺序。

六、中餐点菜礼仪

首先，请客人先选菜，如客人谦让则不必过于勉强；其次，点菜要快，重点菜和口味菜应询问一下客人是否喜欢；第三，一般主菜数量要比客人数量多一到两个；第四，头菜要讲究档次，一到两个即可，其他菜要凉热、荤素搭配，突出营养保健、时令特色；第五，不要同时点几道同类型的菜。

七、西餐礼仪

就座时，身体要端正，手肘不要放在桌面上，不可跷足，身体与餐桌的距离以便于使用餐具为宜。餐台上已摆好的餐具不要随意摆弄，将餐巾铺开轻轻放在膝上。

使用刀叉进餐时，从外侧往内侧取用刀叉，要左手持叉，右手持刀；切东西时左手拿叉按住食物，右手执刀将其锯切成小块，然后用叉子送入口中。使用刀时，刀刃不可向外。进餐中放下刀叉时，应摆成“八”字型，分别放在餐盘边上。

第四节　普通集会的礼仪

集会指的是在公开场合举行的活动，由于参加人数众多，集会中的礼仪对与会者来说至关重要。

一、集会组织者的礼仪

集会的组织者是集会的核心人物，是集会能否成功的关键。所以，集会的组织者应当明确有关集会的礼仪。

1.集会的组织者要事先拟好集会的通知，并且在集会一周前发出，以便留给参加集会的人足够的准备时间。通知上面务必写明集会的时间、地点、主题及参加者等内容，有的集会通知上还可写明闭会的时间。组织者可根据集会的内容和参加者的范围，选用张贴、送达、邮寄的方式发放集会通知。

2.安排好会场。组织者根据集会内容和参加者的多少，确定会场，并加以布置。在城市广场上举办的群众集会，还应提前向有关部门报告，以免出现始料不及的问题。

3.写好议程。集会开始前应把集会议程以宣传单形式发放给与会者，使参加者对集会的安排心中有数。

此外，集会结束后，应做好会场的清理工作，切勿丢下一片狼藉的会场撒手而去。

二、集会参加者的礼仪

一个集会要想取得成功，不仅组织者要讲究礼仪，参加者也应懂得参加集会的礼仪规范。

1.及时到会。参加集会要按时赴会，宁可提前十几分钟也不可迟到一分钟。

2.穿着要整洁大方。这既是对别人的尊重，也是对自己的尊重。集会的主持人和发言人，更要注意自己的仪表。试问，谁愿意跟一个邋邋遢遢的人交流？又有谁愿意相信一个穿着不整的人的话呢？

3.言谈举止得体。参加集会的人很多，并且身份各不相同，所以，一言一行都要自然得体。如果因为人多就哗众取宠，就会显得自己没有涵养。

第五节　常见聚会的礼仪

当人们需要交流，需要传达某种信息，表达某种观点的时候，便会聚集朋友、同事或其他相关人员。参加这种聚会，同样需要注意礼仪。

一、沙龙的礼仪

“沙龙”是法文Salon的音译，法文原意为“会客室”“客厅”。17世纪末期至18世纪，法国巴黎的文人和艺术家经常接受贵族妇女的招待，在客厅聚会，谈论文艺等问题。后来，人们就把有闲阶层的文人雅士清谈的场所叫做“沙龙”。到了现在，沙龙已经逐步成为室内社交聚会的一种形式。

虽然沙龙聚会形式比较自由，但仍应讲究必要的礼仪。

1.明确聚会的时间、地点等，并让每一个参加者都知道。

2.赴会的人，要按时到场，不要太早也不要迟到。来时可带鲜花或其他小礼品。穿着要得体，衣服一定要熨平整，如果衣服皱皱巴巴，会给人以邋遢的印象。男士要注意外衣、衬衣和领带颜色的协调。女士的衣着也要整洁悦目。参加不同类型的沙龙，着装要与主题相适应。正如你不能穿运动服出席交响乐演奏会，也不能穿着晚礼服去观看球赛。

3.交谈真诚。沙龙是展示个人修养、结交新朋友的重要社交形式，所以，聚会时交谈务必真诚。要言之有物，言之有理，紧紧围绕主题，防止空洞无物，信口开河。不能为了哗众取宠，而故作惊人之语。不可自以为是，滔滔不绝，瞎侃一气，以免弄巧成拙，在众人面前失态。交谈中适度的幽默和风趣是必要的，这样可以活跃沙龙的气氛，但不要说些庸俗的俏皮话，也不可违心地对别人进行肉麻的吹捧。

4.要尊重别人，不轻易打断他人的发言，插话时要礼貌地说一声“对不起”。

5.举止文雅大方。文雅大方、彬彬有礼的举止有助于树立良好的形象，赢得大家的信任和尊敬。有的人常把不拘小节、不修边幅作为洒脱的体现，殊不知小节不拘而易失大礼。随地吐痰、当众抠鼻子、挖耳朵等举止，看似很小，却有伤大雅。因此，在这样的社交场合，应该尽量避开众人的注意，私下处理一些不雅的小事情。

三、新闻发布会的礼仪

新闻发布会又称记者招待会，是组织召集新闻记者并由发言人发布信息或回答记者提问的一种传播方式。其目的在于协调组织与公众的关系，赢得公众的理解和支持，创造和谐的社会环境，吸引更多的支持者和合作者，促进组织目标的顺利实现。

新闻发布会的礼仪规范，主要有以下几个方面：

1.主题明确。新闻发布会的组织者一定要明确主题，以便确定邀请新闻记者的范围，做到有的放矢。如果主题不明，新闻记者就不可能按照组织者预定的目的传播信息，甚至会弄巧成拙，损害组织在公众中的形象。

2.准备好资料。认真准备好新闻发布会所需的各种资料，如会议所需的文字、图片，主持人的发言稿，发言人答记者问的备忘提纲，新闻统发稿以及其他背景材料等，在开会前分发给记者，供他们提问、写新闻稿时参考。

3.选择好发言人。新闻发布会一般由单位指定的发言人发布信息或回答记者提问。因此，事先确定好新闻发布会的发言人至关重要。发言人应能随时把握会场气氛，措辞文雅、有力、风趣、庄重，头脑要机敏，口齿要清晰。当被问到一些棘手的、尴尬的或涉及组织秘密的问题时，发言人更要头脑冷静，要么随机应变，要么避而不答，绝对不能认为这是记者在无理取闹而横加指责。

四、舞会的礼仪

舞会又叫交际舞会，亦称交谊舞会，是一种世界性的群众活动。它既是一种被广泛采用的社交活动形式，也是一种健康有益的文体活动形式。

经常参加舞会，可以克服胆怯、腼腆的性格障碍，消除社交恐惧症；经常参加舞会可以强健体魄，矫正体形，可以使人心情舒畅，精力充沛，心胸开朗；经常参加舞会可以提高人的道德水准，养成良好的气质风度。

1.舞会组织工作的礼仪

要想使舞会举办成功，取得好的效果，组织者在举办前就要精心做好各项准备工作。

(1)确定适当时间。舞会一般在周末、节假日或开幕式、闭幕式的晚上举行。这些时间便于大家尽情地娱乐，而不至于影响第二天的工作。

(2)选择好场地。舞会的场地要考虑人数的多少，过小会拥挤不堪，难以使人尽兴；过大则显得空空荡荡，气氛不够热烈。舞会地面要清洁平整，灯光要稍暗，光线柔和，最好悬挂一些彩带之类的装饰品。舞会一般应有乐队伴奏，单位舞会也可播放舞曲，但应指定专人负责播放。舞池边要准备可以休息的椅子。必要时，还需准备茶水、点心。

(3)发出请柬或海报。单位之间的舞会，应发出请柬和门票。请柬上要写明开始时间、地点及结束时间。对身份特殊的贵客应专门发送请柬。所邀请的客人应男女人数相当，以避免同性共舞。

2.参加舞会的礼仪

(1)参加舞会服装要整洁、大方。女子可以化淡妆，穿得漂亮些。男子也应适当讲究，可穿西服，这样显得大方、文雅。头发要梳整齐。口腔、身上不可有蒜味、酒气，可适当洒一些香水。

(2)进入舞场，要先坐下来，观察一下全场情况，适应一下气氛。没有带舞伴的，更应当坐下来，慢慢地寻找合适的伴舞对象。国外正式的舞会，第一个舞曲，都是由高位开始，主人夫妇、主宾夫妇首先共舞，第二场主宾夫妇交换共舞，第三场才开始自由邀舞。

(3)邀舞一般都是男子邀请女子共舞。邀人跳舞时应彬彬有礼，姿态端庄。男方走到女方面前，微笑点头，以右手掌心向上往舞池示意，并说："可以和你跳个舞吗？"或"可以吗？"对方同意后即可共同步入舞池。如果对方婉言谢绝，也不必介意，更不应勉强。

被人邀舞是对方对自己的尊重，女士一般不应拒绝。确实不想跳时，应礼貌地婉言谢绝："对不起，我想休息一下。"对方走后，在一曲未终之前，女子不应再与别人共舞。

邀请女舞伴时要学会观察分析，要大胆，还要心细。选择舞伴时要注意选择与自己年龄、气质、身材、舞技相当的。只要与她条件相当，就应当充满自信，大大方方地走上前去。同时还要观察其他情况，如：舞池中有没有自己熟悉的女舞伴，舞池中有没有女士注意看你等，所有这些都需要考虑在内。

(4)进入舞池后，就可跟随舞曲曲式和节奏起舞。姿态要端正，身体要正直、平稳，切勿轻浮，但也不要过分严肃，双方眼睛要自然平视，目光从对方右上方穿过。不可面面相向，不要摇摆身体，不要凸肚凹腰，不要把头伸到对方肩上。男舞伴的右手一般搭在女舞伴的脊椎位置，高低可以根据双方身高而定。男子高的，可以揽得高一些，这时女子要把左手搭得低一些，可以搭在男子大臂的中下部。男子千万不要把女舞伴的右臂架起来，这样既不雅观也不舒适。男子右手也不要揽得过紧，应该以力量的大小变化来领舞，切莫揽得太紧太死，甚至把女方的衣服揪起。跳舞时如果踩对方的脚了，要说一声："对不起，踩着你了。"旋转时应是逆时针行进，如果碰着了别人，要道歉，或微微点一下头致歉。

(5)一曲终了，男子要对女舞伴致意，可以说："你的华尔兹跳得真好。""你的动作反应快，和你跳舞很轻松，谢谢。"并把女舞伴送回原来的位置。

休息时，不要抽烟，乱扔果皮，不要大声喧哗，不要在场内来回走动，不要拉住朋友长谈不止。

(6)出席舞会，在时间上相对来说比较自由灵活，允许晚去一会儿，也可以中途退场，这些都是正常现象。

第六节　正式会议的礼仪

会议是党政机关、企事业单位和群众团体处理重大事务、商讨问题、做出决策、总结经验、交流信息、协调关系的重要工作形式，是一种有效的社会交往手段。

三个以上的人聚在一起商讨、研究某项事情就可以称做会议。会议这种形式古已有之。对于机关单位来说，开会是集思广益、避免失误的一种民主形式。随着经济体制改革的不断深化，改革开放的不断发展，企业之间和地区之间也常用会议的形式开展交流和协作活动。运用这种形式，可以用比较短的时间，花比较少的经费取得较大的效益。

一、会议准备工作的礼仪

要开好一个会议，准备工作是十分重要的。会前周密详尽的准备，是会议圆满成功的基础。会议的准备工作，包括以下几个方面：

1.建立组织。召开一个会议，要有许多人参与组织和服务工作。这些人应有明确的分工，各负其责。建立各种小组，可以使他们在统一领导之下，各自独立地开展工作。一般会议由大会秘书处负责整个会议的组织协调工作。秘书处下设秘书组、总务组和保卫组。秘书组负责会议的日程和人员安排以及文件、简报、档案等文字性工作；总务组负责会场、接待、食宿、交通、卫生、文娱和其他后勤工作；保卫组负责大会的安全保卫工作。秘书处还可以根据会议规模的大小、性质的不同增设其他小组。

2.明确任务。全体工作人员，应当明白本次会议主要解决的问题，更要明确自己的工作任务，以保证不出差错。

3.安排议题和议程。秘书处要在会前把会议要讨论、研究、决定的议题搜集整理出来，列出议程表，提交领导确定。然后根据确定的议题，安排日程，以保证会议有秩序地进行。

4.确定与会人员。这一点很重要。该到会的，一定要通知到；不该到会的，就不应当参加。一旦出了差错，后果是很严重的。确定与会人员，可以采取以下方法：查找有关文件、档案资料，请人事部门提供，征求各部门意见，请示领导。

5.向与会人发出通知，让他们做好准备。有时需要准备的工作量比较大，可以在距离开会时间较远的时候先发一个关于准备参加会议的通知。开会前，再发出开会通知。

通知一般用书面形式。内容包括：会议名称，开会的目的、内容，与会人应准备什么、携带什么，开会日程、期限、地点，报到的日期、地点、路线等。

与会人员在接到通知后，应向大会报名。告知将参加会议，以便大会发证、排座、安排食宿等。

6.会场。会场布置和安排是会议的又一项重要工作。会议的气氛主要靠会场的布置来渲染。会议室应当根据会议的内容来安排，或庄严肃穆，或郑重朴素，或明快大方，或热烈欢快。总之，会场的布置应与会议内容相协调。

会场布置需注意以下几个方面：主席台设在与代表席对面的地方；主席台前一般设讲台，便于发言人讲话；主席台上可适当摆放鲜花点缀；主席台背后悬挂会标或旗帜，会议名称的标语悬挂在主席台上方。

7.座次。因为座位有前有后，有正有偏，在排座位时要根据不同情况，妥善安排，照顾到各个方面。

8.印制证件。证件是出席会议必备的，是与会者身份、资格、权利、待遇的证明。代表证、记者证、工作人员证要用不同颜色的字或纸印刷，以示区别。

9.接待和报到。外地代表到达时，应安排工作人员到车站、码头、机场接站。到驻地后，代表应持通知书到大会报到处报到。报到处接待人员应礼貌接待，验看有关证件后即安排食、宿，登记联系的地点、方式，并发给代表相关证件、文件等。

二、会议中的礼仪

大会开幕，会场内外还有大量工作要完成。各部门要按照分工开展工作，保证会议顺利进行。

1.签到。代表进入会场要完成签到手续，以便秘书处统计人数。小型会议，可以在入口设签到处，代表入场时，先在签到簿上签上姓名。大中型会议不用这种方法签到，否则会造成入口处拥挤、混乱。一般可采取事先发签到卡，代表在入口处，把签到卡交给签到处的工作人员即可。

2.安排发言。大会发言要事先排定人选和次序。秘书处可以提出初步意见，请领导确定。确定发言人应注意三个平衡：

(1)领导人之间的平衡。高一级领导或主要领导的发言，如果是开幕词，动员性的、启发性的，应安排在第一位。如果是总结性的、综合性的，则放在最后。如果是讨论发言、座谈发言，应交叉安排，这样可以使会场气氛更生动活泼。

(2)单位平衡。发言单位的选择，首先注意典型性，其次照顾单位与单位之间的平衡。

(3)内容平衡。发言人的内容应围绕一个主题。不同内容安排在一起不便于集中思考和会后讨论；如果发言内容属同一类，可以只安排一个人。

3.记录。会议记录是对发言内容进行的客观文字记录，它是会议简报、纪实、决议的主要依据。因此，一次重要的会议，应当有专人记录。

会议记录有的使用专门印制的会议记录本，有的使用一般笔记本，不论哪一种，其内容都应该涵盖以下几个要素：会议名称、时间、地点、出席人、列席人、缺席人、主持人、发言人和记录人。

4.选举。大会如果有选举议程，应当倍加慎重，因为选举是实现民主、平等的一种重要形式，是代表们行使权利的具体体现。

(1)准备选票。事前应核对具有投票权的人数，弄清候选人的名单，然后印制选票。选票应印两套，其中一套留作备用。选票应盖上秘书处公章，由专人密封保管。

(2)投票。根据投票人的多少，准备投票箱，人数多的会议，投票箱按区分设，要事先划定投票路线和投票顺序。为了避免混乱，在开始投票时可由一个人进行引导，引导每个投票箱的第一个投票人走投票路线。在票箱前要有大会推选的监票人监票。投票前，大会主持人要讲清楚投票注意事项。

(3)选举统计。打开票箱后，先核对投票张数与发票张数是否一致。多于发票数的，则为选举无效，应重新投票。每一张票的有效、无效，按大会规定统计。

(4)服务和保卫。音响装置要反复调试，要把音量、音质调到最佳；做好茶水供应；主席台的座位上要放置小毛巾、铅笔、纸张；会场内外要安排好安全保卫工作。

三、与会人员的礼仪

会议是多种人员相互交织，为一个目的而共同进行的一种复杂的、有组织的人际交往活动。一个会议要想取得好的效果，除了要组织严密、服务周到外，所有参会人员都应当讲究礼仪。

1.会议组织者的礼仪

(1)目的明确。会议的组织者对会议要达到什么目的要清楚明白，在向工作人员安排工作任务和向参加会议的代表发出通知时，应当讲清楚，使大家心中有数，有备而来，这样才能保证会议的基本质量。

(2)日程清楚。会议什么时间开，什么时间结束，哪一天干什么，要让大家知道，使大家事先做好安排。

(3)地点具体。大会、小会、汇报、座谈在哪个场地，应当明确具体地通知到与会人，会场门口应有明显标志。必要时可事先印发或张贴会场位置示意图。

(4)分工明确。主持人、工作人员、服务人员分工明确，提前到位，应把场地事先布置好，迎接代表到来。

(5)注意迎送。对代表和嘉宾要认真组织迎送。注意规格和形式。在会议进行中，对代表进出会场也应安排迎送。开小型会议，主持人要亲自迎送。

2.其他人员的礼仪

(1)主持人。主持人是会议的组织者、领导者。主持会议，事先要对内容、程序、时间和人员安排做到心中有数。主持时要严谨、认真。不同性质和内容的会议，可以表现出不同的主持风格。主持人应当把握会议气氛和进行节奏。

主持人要尊重听众，尊重发言人。不可有不礼貌的表现。

(2)主席团。主席团成员首先要明确自己的身份和责任，严格要求自己，以身作则，率先垂范，做所有与会人的楷模。出席会议要守时，绝不可迟到。确实不能按时出席的必须及时请假，通知主持人或有关工作人员。入场要按照顺序入座，不可临时推推让让，故作姿态。如果会场有掌声欢迎，主席团应鼓掌微笑致意。

在会议进行中，不得任意离开，左顾右盼，交头接耳，要精神专注地倾听发言人的讲话。需要鼓掌时应当及时鼓掌，鼓掌要随众而起，随众而止，动作要适当节制，不要显得漫不经心。

散会时，要和大家一同起立，不要提前，也不要落后。然后依次退场。

(3)发言人。发言人是会场的中心人物，对会议的质量起着重要的作用。发言人的讲话要言之有的、言之有理、言之有物、言之有味，使听众能了解主旨，有所收获。发言人要尊重听众，尊重主持人，遵守会议纪律。

发言人要注重仪表和举止姿态。要衣着整洁，举止庄重，表情自然，精神焕发。

发言前，要环顾全场，向听众致意，如有掌声，亦应鼓掌还礼。

发言时，要讲究语速，不快不慢；讲究音量，不高不低；讲究节奏、语气、声调；要始终保持感情充沛，重要的地方，要加重语气，提高音调，形成高潮。如果会场出现松弛、听众精神涣散等情况，应考虑调整语气，稳定情绪，必要时应调整内容，压缩时间。

报告结束时，要向听众和主持人致谢。

(4)会议嘉宾。会议嘉宾与主席团一样，在会议中占有重要位置。嘉宾参加会议，除了必须像主席团成员那样讲究礼仪外，还应当注意了解会议内容、程序和对本人的要求；了解会议时间、地点和有关规定。参加会议要守时，有礼貌，听从主人安排。切不可敷衍应付，甚至高傲自负。

(5)会议代表。参加会议的代表，要遵守纪律，讲究礼仪。进入会场，动作要严谨轻缓；发言人开始和结束发言时，要鼓掌致意；重要的嘉宾讲话时，可以全体起立，并报以热烈的掌声。发言人发言时，要认真倾听，必要时要做记录。不要交头接耳，左顾右盼。一般不应离席，确实必须离开时，应向有关人员讲明原因，离席时要弯腰、侧身，尽量少影响他人。

第七节　庆典的礼仪

典礼是一种常见的隆重的仪式。通过举行典礼来办一件事，一方面可以表示自己的郑重、庄严，渲染出与内容相应的浓烈气氛，另一方面可以引起社会各界和广大群众的重视，强化效果。

典礼有多种类型：按性质分，可分为政治性典礼、经济性典礼和日常性典礼。政治性典礼用于政治生活中的重大事项，如开国大典、国庆典礼、授勋典礼、揭幕典礼等；经济性典礼用于企业单位经济活动中的重大事项，如开业典礼、落成典礼、周年典礼、签字典礼等；日常性典礼用于机关、团体、企事业单位或社会团体日常工作的重大事项，如开幕典礼、开学典礼、奠基典礼、表彰典礼、誓师典礼等。

按内容可分为开始性典礼和结束性典礼，如开幕式、开学典礼和毕业典礼、竣工典礼等。

一、典礼的准备礼仪

准备工作是典礼组织工作的重要环节，可以说，准备工作做得充分、周密，典礼就成功了一半。

1.明确规模。典礼的准备工作首先要确定规模大小。东道主要根据典礼的需要精心拟定出席典礼人员的名单。为使典礼显得隆重，一般要特别邀请几位身份比较高的贵宾参加。邀请宾客的多少，应根据需要与可能，即经济力量、场地条件和接待能力等来确定。

2.组织分工。典礼活动所用的时间虽然不长，但事关重大，所以各项准备工作，事无巨细，均不可疏漏。要请几位精干的人员进行统筹策划，作出明确分工。可以有的负责邀请和接待客人，有的负责典礼的程序和进行，有的负责后勤保障，有的负责全面领导和协调。全部工作人员各负其责，协调配合，保证典礼圆满成功。

3.拟定程序。典礼程序是典礼活动的中心环节，典礼的效果如何，主要由程序决定。拟定程序，首先要选好主持人。主持人应当精明强干，口才好，有应变能力，并且熟悉各方面情况。因为主持人担负着掌握进程、驾驭全局、调节气氛、处理随时出现的问题的重任。

典礼程序一般由如下几个环节构成：宣布典礼开始、公布贵宾名单、致辞、答辞和礼成。不同的典礼可安排不同的环节，以使整个典礼完整、协调。在拟定程序的同时，还要安排落实致辞人的人选，致辞人的发言应当言简意赅，切忌冗长。

4.布置场地。要根据典礼的规模、时间、形式的要求来安排场地，并进行布置。不同的典礼布置的格调各有不同，要根据当地的风俗习惯安排。场地的音响设备要保持情况良好，有时还要安排锣鼓、鞭炮和乐队，以渲染气氛。

5.发出通知。在确定了宾客名单之后，即可发出通知。通知可以用书面形式，即请柬，也可以用口头或电函形式。对于重要的贵宾，东道主应当亲自出面邀请，呈递请柬。

二、典礼过程中的礼仪

典礼开始以后，工作就应当按照事先的计划有秩序地开展，工作人员按照各自分工分头开展工作。

1.接待宾客。宾客到来，接待人员应立即以礼欢迎，并引导宾客到休息室。如需签到，则让宾客在签到簿上签到。贵宾到来时，东道主应亲自迎接，并陪贵宾交谈，等待典礼开始。

2.检查巡视。在典礼临近开始时，要检查一下各方面工作是否完备，重要的宾客是否到齐。发现问题及时处理。时间一到即请东道主、贵宾和有关人员入场就位。

3.典礼由主持人宣布开始后，按顺序进行。开始可用鸣炮、鼓掌或奏乐烘托气氛，然后宣布主要客人的名单，再依次致辞发言或进行其他活动，最后宣布礼成。

4.典礼结束后要及时欢送宾客，处理善后，结算账目，清理现场，慰问工作人员等，使典礼始终保持严密的组织，严格的纪律，完整的程序。

三、颁奖仪式的礼仪

对先进个人和先进集体进行表彰和奖励，一般都要举行一个隆重的仪式，表示出郑重严肃的态度。这既是对先进人物的肯定和鼓励，也是对群众进行宣传教育，树立榜样，扩大影响，振奋精神，推动工作的有效方式。

颁奖仪式，除了做好一切准备工作之外，还应注意以下几点：

1.会场。会场应选在较大的场地进行。主席台上方要悬挂大红横额，写明“颁奖大会”。两旁还可悬挂相应的口号与标语或对联。主席台后面，可悬挂彩旗、会标等。

主席台上设供领导人就座的桌椅，桌上摆上写有领导人姓名的座次牌。可以另在主席台的正前方或侧前方设发言席。

受奖人一般安排在观众席前排就座。

2.程序。颁奖典礼的程序一般是：(1)宣布表彰典礼开始。这时可以播放欢快的音乐或燃放鞭炮，隆重的可以安排乐队演奏音乐。(2)主要领导人讲话。(3)宣布先进集体和先进个人名单。(4)颁奖。(5)先进集体或先进个人代表发言。(6)群众代表发言。(7)散会。

3.主持人礼仪。主持人一般由本单位的负责人担任。主持人应当熟悉仪式各个程序，事先做好安排，保证准时开始。主持过程中，要精神饱满，热情洋溢。要顾及台上台下各个方面，审时度势，随机应变，使会议保持隆重热烈的气氛。

4.报告人礼仪。报告人应该衣着整洁、大方，仪态自然、步履稳定。报告时，身体正直，稍前倾，不要趴在讲台或靠在椅子背上。讲话要有激情，注意节奏。

5.颁奖。颁奖是仪式的高潮，一旦安排不当，很容易发生混乱。颁奖时应注意以下事项：以受奖人上台的次序为依据，事先排好奖品和发奖人的顺序。发奖时，工作人员按事先分工专门递送，颁奖、受奖要用双手，颁奖人要主动与受奖人握手致意，表示祝贺。

如有新闻单位，或需要合影留念时，则在全部颁奖后，受奖人排在前排，为摄影摄像提供方便。

6.受奖人礼仪。受奖人应着装整洁、大方、端庄、仪态自然。上台受奖时要依顺序上下，不要左顾右盼，不要扭扭捏捏。受奖时，要面带笑容，双手接奖，并表示谢意。然后转过身来，面向全场观众鞠躬行礼，并可举起奖品向观众致意，要及时走下主席台，使会议继续进行。致答谢辞时，要注意措辞，不可过于谦虚，过分客套。

第八节　宴会的礼仪

宴会是国际、国内社会交往中一种通行的较高层次的礼仪形式。政府机关、社会团体举办的有一定规模的酒宴，称为宴会，私人举办的规模较小的则称为筵席。

宴会的场面一般比较隆重，能使人得到一种礼遇上的满足。不同的宴会有着不同的作用，概括地说，宴会可以表示祝贺、感谢、欢迎、欢送等友好情感，通过宴会，可以协调关系、联络感情、消除隔阂、增进友谊、加强团结、求得支持、促进合作等。

宴会种类复杂，名目繁多。按规格分，有国宴、正式宴、便宴、家宴；按餐型分，有中餐宴会、西餐宴会、中西合餐宴会；按用途分，有欢迎宴会、答谢宴会、国庆宴会、告别宴会、招待宴会；按时间分，有早宴、午宴和晚宴。其他如鸡尾酒会、冷餐会、茶会亦可列为宴会。

一、宴会的准备工作

宴会有严格的礼仪要求，主办单位或主人一定要认真、周到地做好各种准备工作。

1.明确对象、目的、形式

(1)对象。首先要明确宴请的对象，即主宾的身份、国籍、习俗、爱好等，以便确定宴会的规格、主陪人、餐式等。

(2)目的。宴请的目的是多种多样的。可以是为表示欢迎、欢送、答谢，也可以是为表示庆贺、纪念，还可以是为某一事件、某一个人等。明确了目的，也就便于安排宴会的范围和形式。

(3)范围。邀请哪些人参加，请多少人参加都应当事先明确。主客双方的身份要对等，主宾如携夫人，主人一般也应以夫妇名义邀请。哪些人作陪也应认真考虑。对出席宴会人员还应列出名单，写明职务、称呼等。

(4)形式。宴会形式要根据规格、对象、目的确定，可以用正式宴会、冷餐会、酒会、茶会等形式。

2.选择时间、地点

主人确定的宴会时间，应以主宾双方都能接受的时间为准，一般不选择重大节日、假日，也不安排在双方的禁忌日。选择宴会日期，要与主宾商定，然后再发出邀请。

地点的选择，也要根据规格来考虑，规格高的安排在国会大厦、人民大会堂或一些高级饭店。一般规格的则根据情况安排在适当的地点举行。

3.邀请

宴会一般都要用请柬正式发出邀请。请柬的内容应包括：活动的主题、形式、时间、地点、主人姓名。请柬书写要清晰美观，印制要精美。一般应提前两周发出，太晚则显得不礼貌。

4.安排席位

宴会一般都要事先安排好桌次和座次，以便参加宴会的人都能各就各位，入席时井然有序。席位的安排也会体现对客人的尊重。桌次地位的高低，以距主桌位置的远近而定。以主桌为基准，右高，左低，近高，远低。

安排席位时需要考虑以下几点：(1)以主人的座位为中心，如果女主人参加，则以主人和女主人为基准，近高远低，右上左下，依次排列。(2)把主宾安排在最尊贵的位置，即主人的右手位置，主宾夫人安排在女主人右手位置。(3)主人方面的陪客，尽可能与客人相互交插，要避免自己人坐在一起，冷落客人。

5.拟订菜单和用酒

拟订菜单和用酒要考虑以下几点：(1)宴会的规格，主客的身份，宴会范围。(2)饭菜精致可口，赏心悦目，特色突出。(3)尊重客人的饮食习惯和禁忌。(4)注意饮食冷热、甜咸、色香味的搭配。

二、宴会中主人的礼仪

1.迎宾

宴会开始前，主人应站在大厅门口迎接客人。对规格高的贵宾，还应组织相关负责人到门口列队欢迎。客人来到后，主人应主动上前握手问好。

2.引导入席

主人请客人走在自己右侧上手位置，引领客人向休息厅或直接向宴会厅走去。休息厅内服务人员帮助来宾脱下外套，接过帽子。客人坐下后送上饮料。主人陪主宾进入宴会厅主桌，接待人员引导其他客人入席后，宴会即可开始。

3.致词、祝酒

正式宴会一般都有致词和祝酒，但时间不尽相同，我国习惯是在开宴之前讲话、祝酒、客人致答词。在致词时，全场人员要停止一切活动，聆听讲话，并响应致词人的祝酒，在同桌之间互相碰杯。这时宴会正式开始。西方国家致词、祝酒习惯安排在热菜之后、甜食之前。至于冷餐会和酒会的致词则更灵活些。

4.服务顺序

服务人员侍应，要从女主宾开始，没有女主宾的，从男主宾开始，接着是女主人或男主人，由此顺时针方向进行。规格高的，由两名服务员侍应，一个按顺序进行，另一个从第二主人右侧的第二主宾至男主宾前一位止。

5.斟酒

斟酒在客人右侧，上菜在客人左侧。斟酒只需至酒杯三分之二即可。

6.交谈

用餐时，主人应努力使宴会气氛融洽，活泼有趣。要不时地找话题进行交谈。还要注意主宾用餐时的喜好，掌握用餐的速度。

7.送别

客人用餐完毕，吃完水果后，在告辞时，主人应热情送别，感谢他的光临。

三、赴宴的礼仪

宴会举办成功与否，主人处于主导地位。主人要以客人的需要、习惯、兴趣安排一切，而应邀赴宴的客人也要密切配合主人。

1.应邀

接到邀请后，不论能否赴约，都应尽早作出答复。不能应邀的，要婉言谢绝。接受邀请的，不要随意变动，按时出席。确有意外，不能前去的，要提前解释，并深致歉意。作为主宾不能如约的，更应郑重其事，甚至登门解释、致歉。

2.掌握到达时间

赴宴不得迟到，迟到是非常失礼的，但也不可去得过早。去早了主人未准备好，难免尴尬。

3.抵达

主人迎来握手，应及时上前响应，并问好，致意。

4.赠花

按当地习惯，可送鲜花或花篮。

5.入席

在服务人员的引导下入座。注意按照座位卡入座，不要坐错了位置。

6.姿态

坐姿自然端正，不要太僵硬，也不要往后倒靠在椅背上。肘不要放在餐桌上，不要托腮，目光随势而动，不要紧盯菜盘。

7.餐巾的使用

千万不要将餐巾别在领口，挂在胸前。餐巾是用来防止菜汤滴在身上和用来擦拭嘴角的，不可用来擦餐具，更不要用来擦脖子抹脸。

8.进餐

进餐时要文明、从容。闭着嘴细嚼慢咽，不要发出声音。喝汤要轻啜，对热菜热汤不要用嘴去吹。骨头、鱼刺吐到筷子、叉子上，再放入骨盘。嘴里有食物时不要说话。剔牙时，用手遮住。就餐时，不得解开纽扣，松开领带。

9.交谈

边吃边谈是宴会的重要形式。应当主动与同桌人交谈，要特别注意同主人方面的人交谈，不要总是和自己熟悉的人谈话。话题要轻松、高雅、有趣，不要涉及对方敏感、不快的问题，不要对宴会和饭菜妄加评论。

10.退席

用餐完毕，应起立向主人道谢告辞。

四、家宴的礼仪

请客是一种传统的礼节形式，也是开展社交活动的重要手段。家宴是指邀请友人到自己家里吃饭。请客通常是在节假日或其他喜庆日子，在举箸端杯之间，与亲朋好友共享快乐、庆祝喜悦，并借此交流感情，增进友谊。家宴的东道主，总是希望把菜肴准备得丰富、阔气些，以表现自己对客人的热情与敬重，使客人满意。在人们的习惯心理中，似乎菜肴越多，档次越高，效果越好。其实，家宴毕竟是家宴，不宜盲目追求奢华。家宴的饭菜准备，应因人而异、因事而异，还要量力而行。亲朋好友相聚，主要目的是“叙”，其次才是“吃”，对于不太熟悉的客人或久别重逢的亲友，才适合准备得丰盛些。家里请客，准备的重点要放在一个“情”字上。周到的礼节、热情的招待，比饭菜的质量更能取得客人的好感。

1.时间选择

请客时间应当选择在大家休息的日子。在一日三餐中，我国一般以午餐为正餐，西方国家请客常在晚上。选择时间，应同主要客人当面商定或电话商定，其他客人可以当面、电话或书面通知。隆重的家宴可用请柬邀请，以示郑重。

2.菜肴准备

家宴不必太丰盛，但是品种上应尽量多，冷菜、热菜、大菜、汤类都要准备。饭前用酒的，冷菜要多些；会饮酒的人少或不用酒的，冷菜可少些。菜的档次要适当，不要一味追求高档，过分铺张。烧饭做菜是件繁重复杂的劳动，主人若只顾忙于烧菜反而会怠慢客人，影响与客人的交谈。

酒类及饮料是不可少的。饮酒是交谈、叙旧、增进感情的好方式。适时的敬酒，得体的酒令，会为家宴创造欢乐的气氛。所以，有句俗话叫“无酒不成席”。主人应根据客人的情况准备白酒、果酒、啤酒和饮料，使客人尽兴。

3.其他准备

客人来之前，要把房间整理一下，门庭、楼梯也要打扫干净。要告诉家里人，特别是要教育好孩子，对客人要热情欢迎，盛情接待，讲究文明礼貌。有老人的，请老人陪客叙谈；大些的孩子在厨房帮个下手；小些的可以安排在其他房间看书、看电视。

4.迎客入席的礼仪

客人到来，全家人都要出来表示欢迎，并殷勤接待。然后按照事先的安排，全家人分头行事，倒茶的、递烟的、叙谈的、下厨房的，这样显得热情，可使客人感到无限温暖。菜上妥后，便可请客人入席。

客主入座，非常讲究，不能马虎。长幼、宾主依席次而坐。长者坐首席，没有长者的，重要的客人坐首席。

5.用餐的礼仪

客人全部入席后，主人便可斟酒开宴。斟酒时先从主客斟起，按顺时针方向依次斟，到本人位前要隔过去，最后自斟。斟酒不要过满，七成即可，以免溢出。斟啤酒、饮料要贴着杯壁慢些，防止泡沫外溢。

饮酒一般从祝酒、敬烟开始，继而劝酒，最后行酒令。这个过程，各地风俗习惯各有不同，但都不外乎以下几点：边饮边叙边吃；气氛越来越热烈，到行酒令时形成高潮；敬酒、劝酒，搜肠刮肚，寻找理由；主人希望客人尽兴；没有喝醉的，总是说醉了，不能再喝了；喝醉的人，反倒豪爽起来，不喜欢别人说他醉了。根据这些情况，主人应该注意掌握席间情绪，既要使客人尽兴，又要注意文雅、礼貌，更不可过量，以免酒后失态。

席间的气氛是否亲切、热烈、欢乐，全靠主人掌握。若进餐处于安静状态，就失去宴会的意义了，主人要不断地说一些大家都感兴趣的话题，使每位客人都有可能参与交谈。

第七章

小餐桌大礼仪

餐桌礼仪问题可谓源远流长。据文献记载，我国在周代就已经形成了完善的饮食礼仪制度，到了现代，随着人们生活水平的提高和思想观念的转变，进餐馆就餐的人逐渐多了起来。不少工薪阶层下班后去经济实惠的饭馆吃顿价廉物美的晚饭，既快捷又方便；一些高消费者则去豪华气派的酒店进餐，在品尝美味的同时开展社交、商务活动；更有些人选择在西餐厅聚会、祝寿或宴请宾客等，以增进友谊。作为一名文明食客，不仅要有良好的卫生习惯，更要注意行为举止的文雅有礼。在餐馆进餐时，应了解和讲究进餐礼仪。

第一节　常见宴席种类

在现代社会，比较常见的宴席种类有以下几种：

一、自助餐

自助餐(也是招待会上常见的一种)可以是早餐、中餐、晚餐，甚至是茶点。自助餐有冷菜也有热菜，连同餐具放在菜桌上，供客人使用。一般在室内或院子、花园里举行，来宴请不同人数的宾客。自助餐开始的时候，应该排队等候取用食品。取食物前，自己先拿一个放食物用的盘子。要坚持“少吃多跑”的原则，不要一次拿得太多，可以多拿几次。用完餐后，再将餐具放到指定的地方。不允许“吃不了兜着走”。如果在饭店里吃自助餐，一般是按就餐的人数计价，有些饭店还规定了就餐的时间长度，而且要求必须吃完，如果没有吃完的话，就需要自己掏腰包“买”你没吃完的东西。

自助餐解决了女主人安排桌位的问题，客人们可以自由选择地点。自助餐同时提供了很多种菜肴，主人不必担心菜单是否符合客人的胃口，因为他们有足够的选择余地。

二、鸡尾酒会

鸡尾酒会的形式活泼、简便，便于人们交谈。招待品以酒水为主，略备一些小食品，如点心、面包、香肠等，放在桌子、茶几上，或者由服务生拿着托盘，把饮料和点心端给客人，客人可以随意走动。举办的时间一般是下午5点到晚上7点。近年来，国际上各种大型活动前后往往都要举办鸡尾酒会。

参加鸡尾酒会，最好手里拿一张餐巾，以便随时擦手。用左手拿着杯子，好随时准备伸出右手和别人握手。吃完后不要忘了用纸巾擦嘴、擦手。用完了的纸巾丢到指定位置。

三、晚宴

晚宴分为隆重的晚宴和便宴两种。

西方的习惯，隆重的晚宴也就是正式宴会，基本上都安排在晚上8点以后举行，中国一般在晚上6点至7点开始。正式晚宴一般要排好座次，并在请柬上注明对着装的要求。晚宴开始后有祝词或祝酒，有时也会安排席间音乐，由小型乐队现场演奏。

便宴是一种简便的宴请形式。这种宴会气氛亲切友好，适用于亲朋好友之间。服装、席位、餐具、布置等不必太讲究，但仍然有别于一般的家庭晚餐。

西方的习惯，晚宴一般邀请夫妇同时出席。如果你收到邀请，要仔细阅读邀请函，上面会说明是邀请一个人还是需伴侣陪同。在回复邀请时，最好能告诉主人伴侣的名字。

第二节　赴宴礼仪

接到邀请后，无论能否赴约，都应尽快答复。不能赴宴的，要婉言谢绝；接受邀请的，不要随意改变主意。赴宴前，应注意仪表整洁，穿戴大方，最好稍作打扮。忌穿工作服，或满脸倦容一身灰尘地赴宴。

赴宴要遵守约定的时间，不能迟到。可依据请柬注明的时间，稍微提前一点。如果你与主人关系密切，则不妨早点到达，以帮助主人招待宾客，或做些准备工作。

当你抵达时，首先跟主人握手、问候致意。对其他客人，无论相识与否，都要笑脸相迎，点头致意，或握手寒暄，互相问好；对长辈，要主动让座请安；对小孩则应多加关照。万一迟到，在你坐下之前，应先向所有客人微笑打招呼，同时说声抱歉。

当被介绍给女性宾客时，不要抢先伸手，待女士有握手的表示时，方可出单手相握，与女士握手的时间不能太长。

不要主动递名片给其他客人，应在设宴主人介绍各方认识时恭敬地双手呈递名片，并说一些“请多关照”“有幸结识”等社会交往常用词令。

迎宾时，主人应站在大厅门口迎接客人。客人来到后，主人应主动上前握手问好，接着就要引导入席，主人请客人走在自己右侧上手位置，还要注意安排服务人员帮助来宾脱下外套，接过帽子。

第三节　坐席安排

坐席的安排与中国传统文化休戚相关，在一些正式的宴会场合，了解坐席安排的基本常识对主人和客人来说都至关重要。

一、中国习惯

在中餐宴请活动中，往往采用圆桌。不单是在不同位置摆放的圆桌有尊卑的区别，每张圆桌上不同的座次也有尊卑之分。记住这些原则，确保不坐错位置，这在中餐礼仪中非常重要。

1.主桌原则

入座前，你首先要迅速辨别出哪张桌子是主桌，然后由邀请方引导你入座，通常中餐的餐桌摆放分为两种情况：

(1)由两桌组成的小型宴请。这种情况下，通常是两桌横排或两桌竖排的形式。当两桌横排时，面对正门右边的桌子是主桌；当两桌竖排时，距离正门最远的那张桌子为主桌。

(2)由三桌或三桌以上的桌数所组成的宴请。在安排多桌宴请的桌次时，除了要注意上面提到的“面门定位”“以右为尊”“以远为上”等规则外，还应兼顾其他各桌距离主桌的远近。通常，距离主桌越近，桌次越高；距离主桌越远，桌次越低。有的餐厅设计的主桌会比其他餐桌大一些，这样便于让宾客分辨哪张是主桌。

2.席位安排以主为先

宴请时，每张餐桌上的具体位次也有主次尊卑的分别。排列位次的基本方法有以下几点：(1)主人大都面对正门而坐，并在主桌就坐。(2)举行多桌宴请时，每桌都要有一位主桌主人的代表在座。位置一般和主桌主人同向，有时也可以面向主桌主人。(3)各桌位次的尊卑，应以与这桌主人的距离远近来定，离主人比较近的位置比较尊贵。(4)与本桌主人的距离相同的位次，则以本桌主人面向为准，主人座位右边的位置比较尊贵。(5)如果主宾身份高于主人，为表示尊重，可以安排在主人位子上坐，主人则坐在主宾的位子上。

排列少于5人的便餐席位时，位次的排列，可以遵循四个原则：

(1)右高左低原则。两人一同并排就座，通常以右为上座，以左为下座。这是因为中餐上菜时多以顺时针方向为上菜方向，靠右坐的人因此要比靠左坐的人优先受到照顾。

(2)中座为尊原则。三人一同就座用餐，坐在中间的人在位次上高于两侧的人。

(3)面门为上原则。用餐的时候，按照礼仪惯例，面对正门者是上座，背对正门者是下座。

(4)特殊原则。高档餐厅里，往往有优美的景致或高雅的演出供用餐者欣赏。这时候，观赏角度最好的座位是上座。在某些中低档餐馆用餐时，通常以靠墙的位置为上座，靠过道的位置为下座。

二、外国习惯

1.英国式的座位顺序。左右两端为男女主人。如果主宾夫妇同去赴宴，则男士坐在女主人右边，女士坐在男主人右边，左边则是次宾的位置。如果是陪客，应尽量往中间坐。原则上是男女交叉坐。

2.法国式的座位顺序。主人位置在中间，男女主人对坐，女主人右边是男主宾，左边是男次宾，男主人右边是女主宾，左边是女次宾。陪客应尽量坐在旁边。

3.在国际惯例中，就餐时排列桌次，通常讲究采用圆桌，并且各桌的就餐者宜为双数。在正式的宴会厅内安排桌次时，应遵循以下五大原则，即“面门为上”“居中为上”“以右为上”“以远为上”“临台为上”。其实，为了避免因外宾坐错了座位而产生不快，隆重的大型宴会可以在各餐台座位前预先摆放座位卡，所发请柬上则标明与宴者的台号，由司仪导入或持柬对号入座，这样就不容易出差错了。

4.入座的礼仪。入座时要从椅子左边进入。当椅子被拉开后，身体在几乎要碰到桌子的距离站直，领位者会把椅子推进来，腿弯碰到后面的椅子时，就可以坐下来了。用餐时，上臂和背部要靠到椅背，腹部和桌子保持约一个拳头的距离。

5.进餐时手提包的摆放。在欧美国家，女士入座后，通常会直接把手提包放在脚边的地板上。除了夹在腋下的小皮包外，其他手提包不能放在餐桌上。其他手提包可以放在背后和椅子之间或大腿上(餐巾下)。若是邻座没有人，也可以放置在椅子上，或挂在皮包架上。

第四节　西餐礼仪

一、西餐的顺序

正式的全套西餐上菜顺序是：1.前菜和汤；2.鱼；3.水果；4.肉类；5.乳酪；6.甜点和咖啡；7.水果；还有餐前酒和餐酒。这些没有必要全部点，点太多吃不完反而失礼。稍有水准的餐厅都欢迎只点前菜的客人。前菜、主菜(鱼或肉择其一)加甜点是最恰当的组合。点菜也并不是由前菜开始点，而是先选一样最想吃的主菜，再配上适合主菜的汤。

二、进餐过程的注意事项

1.餐巾的使用

对折后把开边朝外平放在膝上。若需暂时离开座位，将其搭在椅背上即可，用餐完毕再把餐巾放桌上。

2.使用刀叉的正确方法

正确拿法是叉子应用食指伸直按住叉背部，刀亦然，但还可以用拇指和食指紧紧夹住刀柄与刀刃的接合处。用餐中左叉右刀，将刀叉在盘子中间摆成“八”字形且不要让其滑落。使用刀叉时，从外侧往内侧取用刀叉，要左手持叉，右手持刀。切东西时左手拿叉按住食物，右手拿刀切成小块，用叉子往嘴里送。用刀的时候，刀刃不可以朝外。进餐中途需要休息时，可以放下刀叉并摆成“八”字形状摆在盘子中央，表示没吃完，还要继续吃。每吃完一道菜，将刀叉并排放在盘中，表示已经吃完了，可以将这道菜或盘子拿走。如果需要谈话，可以拿着刀叉，不用放下来，但不要挥舞。不用刀时，可用右手拿叉。不要一手拿刀或叉，而用另一只手拿餐巾擦嘴；也不要一手拿酒杯，另一只手拿叉取菜。任何时候，都不要将刀叉的一端放在盘上，另一端放在桌上。用餐完毕要将刀叉并排平行放入盘中。

3.用餐时，上臂和背部要靠到椅背，腹部和桌子保持约一个拳头的距离，避免两脚交叉的坐姿。记得要抬头挺胸吃，在把面前的食物送进口中时，要以食物就口，而非弯下腰以口去就食物。

4.喝汤时不要啜，吃东西时要闭嘴咀嚼。不要舔嘴唇或咂嘴发出声音。如汤菜过热，可待稍凉后再吃，不要用嘴吹。喝汤时，用汤勺从里向外舀，汤盘中的汤快喝完时，用左手将汤盘的外侧稍稍翘起，用汤勺舀净即可。吃完汤菜时，将汤匙留在汤盘(碗)中，匙把指向自己。

5.吃鱼、肉等带刺或骨的菜肴时，不要直接外吐，可用餐巾捂嘴轻轻吐在叉上放入盘内。吃剩的鸡、鱼骨头和渣子放在自己盘子的外缘，不要放在桌上，更不能丢到地上。如盘内剩余少量菜肴，不要用叉子刮盘底，更不要用手指相助食用，应以小块面包或叉子相助食用。吃面条时要用叉子先将面条卷起，然后送入口中。

6.面包一般掰成小块送入口中，不要拿着整块面包去咬。抹黄油和果酱时也要先将面包掰成小块再抹。

7.吃鸡时，欧美人多以鸡胸脯肉为贵。吃鸡腿时应先用力将骨去掉，不要用手拿着吃。吃鱼时不要将鱼翻身，要吃完上层后用刀叉将鱼骨剔掉后再吃下层。吃肉时，要切一块吃一块，不能将肉一次都切成块或把块切得过大。

8.喝咖啡时如愿意添加牛奶或糖，添加后要用小勺搅拌均匀，将小勺放在咖啡的垫碟上。喝时应右手拿杯把，左手端垫碟，直接用嘴喝，不要用小勺一勺一勺地舀着喝。吃水果时，不要拿着水果整个去咬，应先用水果刀切成四瓣再用刀去掉皮、核，用叉子叉着吃。

9.点用牛排时，服务生会询问烧烤程度，可依照自己喜欢的料理方式回答。用餐时，应从左往右吃，放在牛排旁边的蔬菜不只是为了装饰，同时也是基于营养均衡的考虑而添加的，如果不是真的不爱吃，最好不要剩下。

10.面包要吃一口掰一口。吃面包可蘸调味汁。吃到连调味汁都不剩，是对厨师的礼貌。注意不要把面包盘子“舔”得很干净，不能用叉子叉面包。

11.万不得已要中途离席时，最好在上菜的空档，向同桌的人打声招呼，把餐巾放在椅子上再走，别打乱了整个饭桌的气氛。吃完饭后，只要将餐巾随意放在餐桌上即可，不必特意叠整齐。

三、西餐桌上最容易被忽略的小细节

在餐厅吃饭时就要享受美食和社交的乐趣，沉默地各吃各的会很奇怪。所以进餐时应与左右客人交谈，不要只同几个熟人交谈。左右客人如不认识，可先自我介绍。别人讲话不可搭嘴插话。音量要保持对方能听见的程度，别影响到邻桌。切忌大声喧哗。

1.在高级餐厅中，别使用手机。如果必须接打，也要长话短说，否则就应该暂时离开，到外面讲。女士补妆要到化妆室，别在餐桌上就梳头发或补起妆来，那是非常不礼貌的。在进餐尚未全部结束时，不可抽烟，直到上咖啡表示用餐结束时方可。如左右有女客人，应有礼貌地询问一声：“您不介意吧？”

2.吃东西时不可把盘子拿起来。吃完面前的食物后，也记得别把盘子推开。不要把东西吐在桌上。吃到坏的食物非吐出来不可时，也别吐在盘子里，最好在别人不注意时，吐在餐巾上包起来，并要求更换一块新的餐巾。用餐时打嗝是最大的禁忌，万一发生此种情况，应立即向周围的人道歉。就餐时不可狼吞虎咽。每次送入口中的食物不宜过多。咀嚼食物时，记得把嘴巴闭上，不要说话。打喷嚏时，转过脸，用餐巾遮住口鼻，然后表示抱歉。

3.吃西餐在很大程度上讲是在吃情调。一般的西餐厅都很别致、高雅，即使小馆子也各具特色，或古典，或现代，或前卫，不拘一格，厅堂内的绿色植物，艺术气质的墙砖和壁灯，使人恍如身处异邦，舒适、温暖，让人放松陶醉。高级饭店更有华美的大理石壁炉、熠熠闪光的水晶灯、银色的烛台、美艳的鲜花、缤纷的美酒、抒情的萨克风，再加上人们优雅迷人的举止，这本身就是一幅动人的油画。为了在初尝西餐时举止更加娴熟，费些力气熟悉一下这些进餐礼仪，还是非常值得的。

4.东方人进餐的主要工具是筷子，西方人进餐则主要用刀叉。进餐时，餐盘在中间，刀子和勺子放置在盘子的右边，叉子放在左边。一般右手写字的人，吃西餐时，很自然地就用右手拿刀或勺，左手拿叉，杯子也用右手来端。

5.在桌子上摆放刀叉，一般最多不能超过三副。三道菜以上的套餐，必须在摆放的刀叉用完后随着上菜再放置新的刀叉。刀叉是从外侧向里侧按顺序使用(也就是说事先按使用顺序由外向里依次摆放)。进餐时，一般都是左右手互相配合，即一刀一叉成双成对使用。不过也有些例外，喝汤时，则只是把勺子放在右边——用右手持勺；食用生牡蛎一般也是用右手拿牡蛎叉食用。

6.刀叉有不同规格，按照用途不同而决定其尺寸的大小。吃肉时，不管是否要用刀切，都要使用大号的刀。吃沙拉、甜食或一些开胃小菜时，要用中号刀、叉或勺。喝汤时，要用大号勺，而喝咖啡和吃冰激凌时，则以小号为宜。

7.吃西餐时，每个人都有自己的餐具，如果是合餐，每个人都可从大盘里取用的话，那么一定有备用的公用叉或勺供大家使用。

8.不能用叉子扎着食物进口，而应把食物铲起入口。美国人食用肉类有时先用刀把肉切成块状，然后用叉子送进口中；而欧洲人一般是边切边吃，是铲起来送入口中。如食用某道菜不需要用刀，也可用右手握叉。意大利人在吃面条时，只使用一把叉，不需要其他餐具，那么用右手来握叉倒更方便。没有大块的肉要切的话，例如素食盘，按理也可用右手握叉来进餐。

9.发言或交谈时，应将刀叉放在盘上才合乎礼仪。在餐桌上进餐，一边要享用美食，同时大家当然也要开心畅谈一番。但手里拿刀叉时切勿手舞足蹈地谈论，也不可将刀叉竖起来握在手中，切勿放肆大笑或大声喧哗，这会让人胆战心惊，实际上这种危险的举动的确对人对己都是一种威胁。

10.叉子和勺子可入口，但刀子不能放入口中，不管它上面是否有食物。

西餐桌上的礼仪是人们在长期的饮食生活中形成的。有一些老规矩，例如，胳膊肘在用餐时自始至终不能搁在餐桌上等，已不再被大家恪守了；但是，有许多“清规戒律”还是要人们所遵行的。我们可以列举一些不能违反的禁忌：普通西餐的进菜次序，通常是面包、汤、各类菜式、布丁、咖啡或红茶。照正式规矩，应该待主人先摊开餐巾以后，才可以把放在桌上的餐巾铺在自己的膝上。收起的时候也是一样，都要以主人为先，否则便是失礼。铺餐巾，在正式场合是将餐巾叠作两层，放置在大腿上，不能完全摊开，更不能塞入衣服里；但一般的常餐便不需这么拘谨了，全摊开也是无妨的。如果发现水杯或菜肴中有脏物，不要大声嚷嚷，而应当悄悄告诉服务员，让他拿走重拿一份来。换菜盘和餐具也是一样。喝饮料时，先用餐巾擦一下嘴，然后再喝杯中的饮料，以避免菜屑掉进玻璃杯里。在桌布上落下面包屑，可以不必理会。如果是不慎落下一点儿饭菜，可以在服务员撤走盘子时，用餐巾小心地把它拾到盘子中。

四、6个“M”

品味西餐文化，可以到崇文门马克西姆餐厅看一看，那里按照19世纪末特有的法国浪漫派风格布置，装潢华丽典雅，乐池内有小乐队演奏古典名曲，服务员身着燕尾服。马克西姆餐厅让顾客先饱了眼福(餐厅布置)，再饱耳福(柔和的音乐)，后饱口福(美味的法国大菜)。

研究西餐的学者们，经过长期的探讨和归纳，认为吃西餐最讲究6个“M”。

1. Menu(菜单)

当您走进西餐馆，服务员先领您入座，待您坐稳，首先送上来的便是菜谱。菜谱被视为餐馆的门面，老板也一向重视，用最好的面料做封面，有的甚至用软羊皮打上各种美丽的花纹。如何点好菜，我可有个绝招，我在西餐馆吃饭，往往点的菜又好吃，又便宜，常常受到同事们称赞。我的办法是，打开菜谱，选择以饭店名称命名的菜品，这样的菜品肯定会好吃。

说到点菜、看菜谱，我不由得想起20年前发生在马克西姆餐厅的一件事：

四位年轻的“万元户”农民走进这家豪华的餐厅。他们有了钱，想品一品法国名菜。餐厅经理和服务员欣喜异常，热情招待他们入座，并礼貌地呈上菜谱，恭敬地请他们点菜。谁料，其中一位把菜谱推到一边，不屑一顾地说：“点什么菜？你们看着来，什么贵上什么，我们有的是钱！”最后，这四位农民花了近2000元，出了很大的“洋相”，因为他们不知道刀叉如何使，还把餐巾当了手绢用……

后来法方总经理同我谈起此事，很有感触：“从这四位年轻人身上，我看到中国农民确实富了，这令人振奋。但是中国朋友吃西餐不看菜单，这使我们很难理解。在法国，就是戴高乐、德斯坦前总统吃西餐也得看菜单点菜的。这里不涉及有钱没钱的问题，因为看菜单、点菜已成了吃西餐的一个必不可少的程序，是一种生活方式。”

2.Music(音乐)

豪华高级的西餐厅，要有乐队，演奏一些柔和的乐曲，一般的小西餐厅也播放一些美妙的乐曲。但，这里最讲究的是乐声的“可闻度”，声音要达到“似听到又听不到的程度”，就是说，要集中精力和友人谈话就听不到，要想休息放松一下就听得到，这个火候要掌握好。

3.Mood(气氛)

西餐讲究环境雅致，气氛和谐。一定要有音乐相伴，有洁白的桌布，有鲜花摆放，所有餐具一定要洁净。如是晚餐，要灯光柔和，桌上要有红色蜡烛，要营造一种浪漫的气氛。

4.Meeting(会面)

和谁一起吃西餐，这要有选择。饭友一定要是亲朋好友或趣味相投的人。吃西餐主要为联络感情，很少有人在西餐桌上谈生意。所以西餐厅内，少有面红耳赤的场面出现。

5.Manner(礼俗)

也称“吃相”或“吃态”，要遵循西方习俗，不可有唐突之举。一般来讲，欧洲人使用刀叉时不换手，一直用左手持叉将食物送入口内。美国人则是切好后，把刀放下，右手持叉将食物送入口中。但无论何时，刀是绝不能送食物入口的。在西餐宴会上，主人都会安排男女相邻而坐，讲究“女士优先”的西方绅士，都会表现出对女士的殷勤。

6.Meal(食品)

我的一位美国美食家朋友曾这样说：“日本人用眼睛吃饭，法国人用鼻子吃饭，只有你们伟大的中国人才懂得用舌头吃饭。”我们中餐追求“味道”，西餐追求营养，味道无法同中餐相提并论。

五、西餐的饮酒礼仪

1.饮酒的方式

充分摇晃酒杯，让酒与空气接触；看挂杯，闻气味；使酒水充分接触口腔。

2.酒杯的拿法

葡萄酒杯只握住杯脚；白兰地酒杯要用手由下往上包住杯身；香槟杯应握住杯脚的最上方。

3.斟酒的方法

酒瓶倾斜时要商标朝上。不要用力倒，慢慢倒才不会使气泡溢出。葡萄酒等一般是服务员倒。

第五节　中餐礼仪

一、点菜的礼仪

1.点菜时应认真看菜单。通常，当顾客到餐厅入座后不久，餐厅服务员就会奉上菜单。如果用餐人不是常客，对该餐厅风格又不熟悉，最好将菜单看得仔细一些，有疑问时，可随时询问服务员。

2.作为顾客，对服务员必须有礼貌。当自己研究菜单时，餐厅服务员可能不在跟前，如有需要，则应当客气地请她过来。

3.被邀请用餐的人不可选择价钱很高的菜肴。尽管主人竭力招待，并请客人挑选自己爱吃的菜肴，但如果客人专挑贵的点，就太不识大体了。除非是主人极力推荐某道好菜，否则最贵的菜或写着“时价”的菜，最好避免挑选。

4.点菜时，不可指着别人桌上的菜肴点菜。如果可能，请尽量依照自己的喜好点菜，这样，可以避免令人不自在。

二、上菜的礼仪

上菜顺序，中餐一般讲究：先凉后热，先炒后烧，咸鲜清淡的先上，甜的味浓味厚的后上，最后是主食。有规格的宴席，热菜中的主菜——比如燕窝席里的燕窝，海参宴里的海参，鱼翅宴里的鱼翅，应该先上，即所谓最贵的热菜先上，再辅以溜炒烧扒。

1.宴席上菜的大致顺序

(1)茶。在餐厅里，因为要等待，所以先来清口茶。但这不是必须的，因为古人喝茶多是单独的。

(2)凉菜。有冷拼、花拼之分。

(3)热炒。视规模选用滑炒、软炒、干炸、爆、烩、烧、蒸、浇、扒等组合。

(4)大菜。指整头、整只、整块的高贵菜肴，比如一头乳猪、一只全羊、一大块鹿肉什么的。

(5)甜菜。包括甜汤，如冰糖莲子、银耳甜汤等。

一般大宴不供米饭，而以糕、饼、团、粉、面、包子、饺子等代替。

此顺序非一成不变，如水果有时可以算在冷盘里上，点心可以算在热菜里上。

如果考虑到季节因素，则还有冬重红烧、红焖、红扒和沙锅、火锅，夏重清蒸、白汁、清炒、凉拌等讲究。此外还应考虑颜色搭配和原材料的多样化。

2.盛器

古人云：“美食不如美器。”又云：“煎炒宜盘，汤羹宜碗，参错其间，方觉生色。”所以盛器在这个讲究饮食文化，又盛产陶瓷美器的中国，自然倍加讲究。

餐厅一般要备大中小平盘(碟)。大盘盛热菜，中盘放冷拼，小盘是点心、小吃。还要有深盆，用来盛油大、汤多之物。要有大食具，如火锅、烤炉之类。水具，如茶具、酒具之类。

选取的盛器，质地要好，名窑古董或各地名瓷都可上桌，且色彩搭配要合理。

厨师应根据所盛菜肴的颜色、性质、质地、名称，选取不同质地、形状、颜色、花纹的盛器。切忌中西混杂，不伦不类。如一品丸子，要用雍容华贵的黄底细文福盘，清蒸鱼要用白瓷或青瓷鱼盘，红烧、干烧鱼则要用色彩浓烈厚重的鱼盘。色彩清亮的凉菜冷拼，宜用对称的细底纹小碎花圆盘。

3.酒类

纯粹的中餐，应该避免啤酒、欧洲葡萄酒。最好配备高度名酒，也可以是中低度的宴酒(30度左右)或各种黄酒、米酒。

4.宴席环境

最好完全中式。进门两盏迎客宫灯，绕过落地屏风，落座于红木八仙桌旁，手执象牙箸，听着丝竹软曲，透过窗棂木格和窗外的修竹柳阴，只远远望见湖光山色。何其美哉!

宴会厅里宜摆几个花木盆景，以营造春意袭人、百花迎宾的气氛；四围墙上，应张悬书法字画；灯光音响要尽量保持中国特色。

三、用筷的礼仪

用餐时，主人为表示盛情，会说“请用筷”等筵语。筷子是中餐的主要餐具，它的使用有很多禁忌，下面我们就分条讲述。

1.忌敲筷

在等待就餐时，不能坐在餐边，拿筷子随意敲打碗碟或茶杯。尤其是自己家里请客吃饭时，更不能用筷子胡乱地敲打。据说这是和乞讨有关的，因为只有乞丐讨食时才会用筷子敲打碗盆。

2.忌掷筷

在餐前发放筷子时，要把筷子一双双理顺，然后轻轻地放在每个人餐桌上；距离较远时，可以请人递过去，不能随手掷在桌上。

3.忌叉筷

筷子不能一横一竖交叉摆放；不能一根是大头，一根是小头；不能将筷子长短不齐地放在桌子上，这种做法叫“三长两短”，有“死亡”的意思在里面，是大不吉利的，过去老人最忌讳这个。筷子要摆放在碗的旁边，不能搁在碗上。

4.忌插筷

在用餐中途因故需暂时离开或筵席中暂时停餐时，要把筷子轻轻直搁在桌子上或餐碟边，这叫直筷，不能直接把筷子插在饭碗里。

5.忌挥筷

在夹菜时，不能把筷子在菜盘里挥来挥去，上下乱翻，遇到别人也来夹菜时，要有意避让，谨防“筷子打架”。

6.忌舞筷

在说话时，不要把筷子当作道具，在餐桌上乱舞；也不要在请别人用菜时，把筷子戳到别人面前，这样做是失礼的。

7.忌横筷

将筷子横搁在碟子上，表示酒足饭饱不再进膳了，这叫横筷。横筷礼一般用于平辈或比较熟悉的朋友之间。小辈为了表示对长者的尊敬，必须等长者先横筷后才能跟着这么做。据史载，宋代有个官员陪皇帝进膳时，就因先横筷而犯了大不敬的罪。现在用餐时，即使先吃完饭，也不可立即收拾自己的碗筷，要等全桌用毕后再一起收拾，表示“人不陪君筷陪君”之意。这可以说是古代横筷礼的延续。

用筷礼仪可以传递出食客文化素养的高低，作为礼仪之邦，我们应当在日常生活中多加注意。

四、饮酒礼仪

1.领导相互喝完才轮到自己敬酒。敬酒一定要站起来，双手举杯。

2.可以多人敬一人，决不可一人敬多人，除非你是领导。

3.自己敬别人，如果不碰杯，自己喝多少可视情况而定，但不可比对方喝得少。

4.自己敬别人，如果碰杯，一句“我喝完，你随意”方显大度。

5.记得多给领导或客户添酒，不要瞎给领导代酒。

6.端起酒杯，右手握杯，左手垫杯底，自己的杯子要低于别人。

7.如果没有特殊人物在场，碰酒最好按时针顺序，不要厚此薄彼。

8.碰杯，敬酒，要有说词。

9.桌面上不谈生意。

10.假如遇到酒不够的情况，酒瓶放在桌子中间，让客人自己添。

五、吃饭礼仪

开始用餐，要讲究文明礼貌，要注意自己的“吃相”。养成良好的用餐习惯。一般应注意以下几点：

1.中餐宴席进餐伊始，服务员送上的第一道湿毛巾是擦手的，不要用它去擦脸。上龙虾、鸡、水果时，会送上一只小水盂，上面漂着柠檬片或玫瑰花瓣，这不是饮料，是用来洗手的。洗手时，可两手轮流沾湿指头，轻轻涮洗，然后用小毛巾擦干。

2.让长辈先动碗筷用餐，或听到长辈说“大家一块儿吃吧”再动筷，不能抢在长辈的前面动筷。

3.吃饭时，要端起碗，大拇指扣住碗口，食指、中指、无名指扣碗底，手心空着。不端碗，伏在桌子上对着碗吃饭，不但吃相不雅，而且压迫胃部，影响消化。

4.夹菜时，应从靠近或面对自己的盘边夹起，不要从盘子中间或靠别人的一边夹起，更不能用筷子在菜盘子里翻来倒去地“寻寻觅觅”。眼睛也不要老盯着菜盘子。一次夹菜也不宜太多，遇到自己爱吃的菜，不可如风卷残云一般猛吃一气，更不能干脆把盘子端到自己跟前，大吃特吃。如果盘中的菜已不多，你又想把它“打扫”干净，应征询一下同桌人的意见，别人都表示不吃了，你才可以把它吃光。

5.要闭嘴咀嚼，细嚼慢咽，决不能张开大嘴，狼吞虎咽；更不能在夹起饭菜时，伸长脖子，张开大嘴，伸着舌头用嘴去接菜；一次不要放太多的食物在嘴里，不然会给人留下馋嘴和贪婪的印象。

6.用餐的动作要文雅一些。夹菜时，不要碰到邻座，不要把盘里的菜拨到桌子上，不要把汤泼翻，不要将菜汤滴到桌子上。嘴角沾有饭粒，要用餐纸或餐巾轻轻抹去，不要用舌头去舔。咀嚼饭菜，嘴里不要发出“叭叭”“呱叽呱叽”的声音。口含食物，最好不要与别人交谈；开玩笑要有节制，以免口中食物喷出来，或者呛入气管，造成危险；需要与人谈话时，应轻声细语。

7.吐出的骨头、鱼刺、菜渣，要用筷子或手接取出来，放在自己面前的桌子上，不能直接吐到桌面或地面上。如果要咳嗽、打喷嚏，要用手或手帕捂住口鼻，并把头转向后方。吃饭嚼到沙粒或嗓子里有痰时，要离开餐桌去吐掉。

8.在吃饭过程中，要尽量自己添饭，主动给长辈添饭、夹菜。遇到长辈给自己添饭、夹菜时，要道谢。

9.不要在餐桌上化妆，不要用餐巾擦鼻涕，用餐时不要打嗝。进餐过程中，不要解开纽扣或当众脱衣。如果主人请客人宽衣，男客人可以把外衣脱下搭在椅背上，但不可以把外套或随身携带的东西放到餐台上。

总之，和客人一起进餐时，要使他们感到轻松、愉快，气氛应和谐。古人云站有站相，坐有坐相，吃有吃相，睡有睡相。这里所说的进餐礼仪就是指吃相。吃相优雅，既是进餐礼仪的要求，又有利于我国饮食文化的继承和发展。

第八章

公务员要特别讲礼仪

公务员礼仪规范，有广义和狭义之分。广义的机关公务员礼仪规范，是指机关公务员在日常工作、学习、生活中所应遵循的基本礼仪；狭义的机关公务员礼仪规范，又称公务礼仪、行政礼仪或办公礼仪，是机关公务员在一切工作场合，均应恪守不怠的工作礼仪。

遵守公务员基本礼仪，是公务员身份的必然要求，否则公务员的形象就有可能受到损害。公务员遵守礼仪的必要性主要有两点：一是为了维护个人的形象，为了维护国家行政机关的形象；二亦可使公务员在一定程度上提高个人的办公水平，更为妥善而艺术地处理日常公务，提高工作效率，更好地服务于人民群众，服务于社会。

第一节　工作礼仪

在日常工作之中，公务员有一些基本的礼仪规范必须遵守，这就是工作礼仪。就时间而论，工作礼仪适用于公务员的一切上班时间之内。就地点而论，工作礼仪适用于公务员的一切办公地点之内。也就是说，在一切工作场合，作为一般性守则的工作礼仪，是任何公务员均应恪守不怠的。

具体而言，有注重服饰美、强调语言美、提倡交际美、推崇行为美四点，这是公务员应遵守的工作礼仪的基本内容。

一、注重服饰美

1960年，时任美国副总统的尼克松和参议员肯尼迪竞选美国第35届总统，这是迄今为止美国历史上最为势均力敌的一场竞争——两人的名望和才能都相当。竞选活动的主要交锋是从9月26日到10月21日的四次全国电视辩论。这是美国有史以来总统竞选中的第一次电视辩论，观众多达7千万人，对选举结果起到了决定性作用。

此前，艾森豪威尔曾劝尼克松不要同肯尼迪辩论，但尼克松颇为自信，而且有评论家也预言经验丰富的尼克松可以取胜。但是当肯尼迪和尼克松同时出现在电视屏幕上时，肯尼迪身穿黑色西装，红光满面，精神焕发，显得生气勃勃；而尼克松却穿着灰白色西装，在当时的黑白电视荧光幕前，效果明显不如肯尼迪的黑西装。尼克松怕热，在辩论过程中不断抹汗，加之因膝盖受伤不能久站，表情痛苦，不断变化着站姿，这些都使他显得紧张拘束，与肯尼迪的神态自若形成鲜明对比。加之，尼克松由于生病，体重减轻，面色苍白，本来很合体的衬衣也大了半个号，更显出一副无精打采的病态。在短短的几分钟内，尼克松实际上已经输给了对手。辩论前，肯尼迪事先练习彩排许久，钻研辩论、答问的要诀，并专门训练了精神风貌及肢体语言。还专门去沙滩晒太阳，以养精蓄锐。相反，尼克松连日劳累，在辩论前化妆时还选择了深色粉底，这使他在电视上更加显得疲惫。就这样，肯尼迪凭借电视辩论赢得了选举，成为美国历史上的第一位“电视总统”。肯尼迪事后承认，如果没有电视辩论，他肯定会失败。因为在民意调查中，有400万选民是在看了电视辩论后才决定投票的，其中300万人倒向了肯尼迪。而尼克松给观众的印象则是“不爱刮胡子，出汗过多的人”。

一般来说，公务员的服装应当合乎身份，庄重、朴素、大方。在工作中，公务员的穿着打扮是不宜完全自行其是的。因为公务员的服饰直接关系到人民群众对其所产生的第一印象的好坏，并且在一定程度上体现着其自身的教养与素质，所以对其应该有所规范。

注重服饰美，便是工作礼仪对公务员服饰所做的具体规范。进而言之，所谓公务员的服饰美，主要有如下三点要求：

1.服饰素雅

公务员在工作中所选择的服饰，一定要合乎身份，素雅大方。切不可有悖于常规的审美标准，进而损害公务员队伍的声誉。

(1)色彩少。公务员在工作场合所选择的服饰，其色彩宜少不宜多，其图案宜简不宜繁。切勿着装色彩鲜艳抢眼，图案繁杂不堪。

(2)质地好。在经费允许的条件下，公务员的服饰应尽量选用质地精良者。如正装一般应选用纯毛、纯棉或高比例含毛、含棉面料，而忌用劣质低档的面料。

(3)款式雅。公务员的服饰，应以款式的素雅庄重为基本特征。若款式过于前卫、招摇，则与公务员的身份不符。

(4)做工精。公务员的服饰虽不必选择名牌货、高档货，但对其具体做工应予以重视。若做工欠佳，则必定会有损于公务员的整体形象。

(5)搭配准。搭配准，在此特指公务员的服饰应注重搭配之道。从某种意义上讲，一个人的服饰之美关键在于和谐，而服饰的和谐则又主要依赖于精心的搭配。

2.服饰庄重

公务员若衣冠不整甚至有可能葬送掉自己的前程。在明代文学家、戏曲家冯梦龙所编的《广笑府》中有一个笑话：元朝时，胡石塘入京，元世祖忽必烈召见他时，发现他戴的棕皮编织帽子稍有歪斜，就问他学的是什么，胡石塘笑着说“治国平天下之学”。忽必烈笑着说，自家一顶帽子尚不端正，又怎能平天下呢？于是便没有任用他。

在讲究美观的同时，公务员在选择服饰时也不应对雅致有所偏废。公务员如要做到服饰高雅脱俗，一方面应以朴素大方取胜，另一方面则应文明得体。具体来说，主要应注意以下几点：

(1)忌过分炫耀。公务员在工作之中所佩戴的饰物，应当以少为妙。不提倡在工作场合佩戴高档的珠宝首饰，或是数量过多的金银首饰，不然便有张扬招摇之嫌。

(2)忌过分裸露。在工作中，公务员的着装不应过分暴露自己的躯体。不露胸、不露肩、不露背、不露腰、不露腿等“五不露”，便是对公务员着装的基本要求。此外，也不应使内衣外露。

(3)忌过分透视。公务员在正式场合的着装，不可过于单薄透明。在任何时候，都不允许公务员的内衣透视在外，令人一目了然。

(4)忌过分短小。公务员的衣着，不应以短小见长。在任何正规场合，背心、短裤、超短裙、露脐装等过分短小的服装，都难登大雅之堂。

(5)忌过分紧身。选择过分紧身的服装，意在显示着装者的身材，而公务员显然不适合在工作之中这样着装。

3.服饰整洁

服饰整洁，是对常人的基本要求，每一名公务员自然也不可对此掉以轻心。

公务员的服饰整洁，具体应注意如下几方面：

(1)忌肮脏。在任何情况下，公务员都没有理由听任本人的服饰肮脏不堪。具体而言，衣物上不应存在异物，不应存在异味。

(2)忌残破。公务员的服饰一旦出现残破，应及时予以修补或更换。听任自己衣着褴褛、服饰缺损，甚至以此为荣，是缺乏理智的表现。

(3)忌折皱。一般来说，公务员的衣着以平整为美。若衣物出现很多的折皱，应及时更换，或熨烫平整之后再穿，否则便说不上是整洁。

(4)忌乱穿。公务员在穿衣服、戴首饰时，必须遵守既有的规范性做法。不能随心所欲地乱穿、乱戴。

二、强调语言美

语言是公务员不可缺少的沟通工具。公务员要想做好自己的本职工作，就不能不注意语言美。

在具体工作中使用语言时，公务员既要重视“说什么”，又要重视“如何说”。就是说，语言的具体内容与表达方式这两方面，均应引起公务员的关注。不然的话，就不可能做到语言美。

1.语言文明

语言文明，在此主要是要求公务员在选择、使用语言时，要文明当先，以体现出自身良好的文化修养。其具体要求有三：

(1)讲普通话。我国地域广阔，民族众多，各民族都有使用和发展自己语言文字的自由，但是《中华人民共和国宪法》明文规定：“国家推广全国通用的普通话。”公务员在这一点上必须身体力行。应当强调的是，公务员使用普通话进行交际，不但反映着国家较高的文明程度，而且也有助于自己的对外交流。因此，除了面对外国友人、少数民族人士或个别不懂普通话的人员之外，公务员最好都讲普通话，尽量不讲方言、土语。

(2)用文雅词。在日常性交谈中，公务员要努力做到用词文雅。用词文雅，并非是要求公务员在交谈时咬文嚼字，脱离群众，而是要求其自觉回避使用不雅之词。即不允许公务员在日常性交谈中，尤其是在公务性交谈中动辄讲脏话、讲粗话或讲黑话、讲黄话、讲怪话。

(3)检点语气。语气，即人们讲话时的口气。它直接表现讲话者的心态，是语言的有机组成部分之一。与外人交谈时，特别是在面对人民群众时，公务员务必要检点自己的语气，要显得热情、亲切、和蔼、友善。在任何情况下，语气急躁、生硬、狂妄、嘲讽、轻慢，都不被允许。

2.语言礼貌

语言礼貌是公务员所应具备的基本礼仪修养。具体而言，要求公务员在日常性交谈中主动使用约定俗成的礼貌用语，以示对交往对象的尊重友好之意。一般而言，公务员所需使用的基本礼貌用语主要有如下五种：

(1)问候语。它的代表性用语是“你好”。不论是接待来宾、路遇他人，还是接听电话，公务员均应主动问候他人，否则便会显得傲慢无礼，目中无人。

(2)请托语。它的代表性用语是“请”。要求他人帮助、托付他人代劳，或者恳求他人协助时，公务员照例应当使用这一专用语。缺少了它，便会给人以命令之感，使人难以接受。

(3)感谢语。它的代表性用语是“谢谢”。使用感谢语，意在向交往对象表达本人的感激之意。获得帮助、得到支持、赢得理解、感到善意，或者婉拒他人时，公务员均应使用此语向交往对象主动致谢。

(4)道歉语。它的代表性用语是“抱歉”或“对不起”。在工作中，由于某种原因而给他人带来不便，或妨碍、打扰对方，以及未能充分满足对方的需求时，公务员均应及时运用此语向交往对象表示自己由衷的歉意，以求得到对方的谅解。

(5)道别语。它的代表性用语是“再见”。与他人告别时，主动运用此语，既是一种交际惯例，同时也是尊重交往对象的一种常规性表示。

三、提倡交际美

公务员所从事的具体工作往往有别，但从其本质上来看，都免不了要与他人打交道。因此，在实际工作中，公务员必须力求交际美，即妥善协调自己的各种人际关系，高度重视自己的每一位交往对象，以内求团结，外求发展。

1.内部交际

公务员必须首先处理好自己在本单位、本部门的各种内部人际关系，因为它是自己所需正视的种种交际的基础。进行内部交际时，公务员应当讲究团结，严于律己，宽以待人，并且善于协调各种不同性质的内部人际关系。

(1)与上级的交往。公务员在实际工作中，不能不处理好自己与上级的关系。要做好这一点，基本要诀有三：一是要服从上级的领导，恪守本分；二是要维护上级的威信，体谅上级；三是要尊重上级，支持上级。

(2)与下级的交往。与下级进行交往时，公务员切不可居高临下，虚张声势。处理好与下级之间的关系，公务员至少需要注意以下三个方面的问题：一是要善于“礼贤下士”，尊重下级的人格；二是要善于体谅下级，重视双方的沟通；三是要善于关心下级，支持下级的工作。

(3)与平级的交往。处理与平级同事的人际关系，也不容公务员有丝毫的疏忽。与平级同事打交道时，公务员应当对以下三点予以充分重视：一是要相互团结，不允许制造分裂；二是要相互配合，不允许彼此拆台；三是要相互勉励，不允许讽刺挖苦。

2.外部交际

不论因公还是因私，公务员都有大量机会与外界人士进行交往应酬。与外界人士交往或相处时，公务员既要与人为善，广结善缘，努力扩大自己的交际面，又要不忘维护政府形象与个人形象，注意检点自己的举止行为，不失身份。进行下列两种常见的外部交往时，公务员尤其需要注意交际技巧。

(1)与群众的交往。同人民群众直接打交道时，公务员既不要忘记自己的身份，又不能过分强调自己的身份；既要具备强烈的为群众服务的意识，又不能时时以施舍者的身份自居。为人民群众服务时，一是要待人热诚，不可对群众冷言冷语；二是要主动服务，不可对群众漠不关心；三是要不厌其烦，不可对群众缺乏耐心；四是要一视同仁，不可对群众亲疏有别。

(2)与社会的交往。每一个公务员都离不开与社会各界人士的交往。与社会各界人士打交道时，公务员需做好下列五点：一是要掌握分寸，防止表现失当；二是要公私有别，防止假公济私；三是要远离财色，防止腐败变质；四是要正视权力，防止权钱交易；五是要广交朋友，防止拉帮结派。

四、推崇行为美

在实际工作中，每一名公务员都必须努力做到勤于政务，爱岗敬业，忠于职守，一心一意地做好本职工作，使自己的所作所为与国家公务员的光荣称号相称。这就是公务员的行为美。要真正做到行为美，需要注意如下两点：

1.忠于职守

每一名公务员，平时在实际工作中都必须以忠于职守为天职。不忠于职守，便难言爱岗敬业。忠于职守，其实是爱岗敬业的主要表现形式。具体而言，公务员的爱岗敬业，需要在下述三个主要方面得以体现。

(1)具有岗位意识。所谓具有岗位意识，主要是要求公务员既热爱本职工作，又严守工作岗位。在工作岗位上不可一心二用，而是要干一行爱一行，全心全意地做好本职工作。

(2)具有责任意识。所谓责任意识，是岗位意识的自然引申，它指的是公务员在实际工作里应具有高度的责任心，遇事不但要区分职责，更要主动负责，尽职尽责，不允许得过且过，敷衍了事，缺乏基本的工作责任心。

(3)具有时间意识。具有时间意识，是公务员岗位意识与责任意识的直接体现。其具体含义，是要求公务员在实际工作中要做到心到身到，自觉遵守法定的作息时间，每天准时上下班，不准迟到早退，不得旷工、怠工、磨洋工。

2.钻研业务

公务员的爱岗敬业，不仅要表现为干一行爱一行，而且还要表现为干一行通一行。因此，公务员在实际工作中一定要努力钻研业务，努力精通业务，以便适应时代发展的需要，更好地为人民群众服务，更好地为祖国的社会主义现代化建设服务。要求公务员钻研业务，应当特别强调下列三点：

(1)精通专业技术。要做好本职工作，就要求公务员首先精通自己所应掌握的专业技术，争当专业尖子或技术能手。

(2)掌握现代知识。随着时代的发展，公务员在精通专业技术的同时，还有必要开阔视野，努力学习现代科学技术的基本知识，并特别注意外语、法律与计算机知识的学习。

(3)重视知识更新。古人云："学无止境。"现代科学技术的一大特征，便是知识更新加速。因此，在钻研业务的同时，公务员还须注意知识更新，努力学习新知识、新技术，不当"落伍者"。

第二节　接待礼仪

对公务员而言，接待工作是不容忽略的日常性工作之一。不论是接待远道而来的贵宾，还是接待来信、来访的人民群众，公务员在具体的接待工作上既要有所区分，又要一视同仁。在任何时刻，对对方的重视、友好与热情，是一定不可缺少的。

就公务员所接触的具体的接待工作来看，可以将其分为来宾接待与信访接待两大类型。在具体操作层面上，二者有所不同。

一、来宾的接待

来宾的接待，在此特指公务员在日常工作中所接待的如约来访的正式客人，尤其是较为重要的正式客人。有时，接待来宾亦称礼宾，意即强调接待方对礼待宾客的关注。

做好来宾的接待工作，关键需要在接待计划、礼宾次序、迎送陪同三个方面做得到位。

1.接待计划

所谓接待计划，指的是接待方对来宾接待工作所进行的具体规划与安排。制定尽可能完善的接待计划，便可以使接待工作在具体操作时按部就班。一般认为，正规的接待计划均应包括下述八个方面的内容。

(1)接待方针。指接待工作的指导思想与总体要求。从总体上讲，要提倡互相尊重、平等相待、礼待宾客、主随客便等。从具体上讲，在接待身份不同的来宾时，其着重点又应各有侧重。例如，接待中央首长应强调安全保卫；接待少数民族客人，应强调尊重其特有的风俗习惯；接待宗教界人士，则应强调遵守党的宗教政策。

(2)接待日程。指接待来宾的具体日程安排。其基本内容应包括迎送、会见、谈判、参观、游览、宴请等。在一般情况下，接待日程的具体安排应完整周全，疏密有致。它的制定，通常应由接待方负责，但亦需与宾客提前沟通，对来宾的要求予以充分考虑。接待日程一旦确定，即应向来宾进行通报。

(3)接待规格。指的是接待工作的具体标准。它不仅事关接待工作的档次，而且与重视来宾的程度直接相关。接待规格的基本内容有三：一是接待规模的大小，二是接待方主要人员身份的高低，三是接待费用支出的多少。

在具体运作上，接待规格的确定有五种方法可循。第一，可参照国家的明文规定；第二，可执行自己的常规做法；第三，可采取目前通行的方式；第四，可比照对等的常规做法；第五，可学习他方成功的先例。

(4)接待人员。要真正做好接待工作，首先有赖于接待人员的出色表现。凡重要的接待工作，皆应精选专负其责的接待人员。工作负责者、年轻力壮者、相貌端正者、善于交际者、具有经验者、通晓接待对象语言或习俗者、与接待对象民族或宗教信仰相同者以及与接待对象相熟者，都是选择接待人员时应予优先考虑的人选。

选定接待人员后，一般还有两件事情要做，一是要进行明确的分工，二是要在必要时对他们进行集中培训。

(5)接待费用。从总体上讲，接待工作的方方面面均受制于接待费用的多少。在接待工作的具体开销上，务必要勤俭持“家”，严格遵守上级有关部门的规定。要坚决压缩一切不必要的接待开支，提倡少花钱，多办事。

某些需要接待对象负担费用的接待项目，或需要宾主双方共同负担费用的接待项目，接待方必须先期告知接待对象，或与对方进行协商，切勿单方面做主。

(6)饮食住宿。制定接待计划时，对来宾的饮食住宿问题万万不可等闲视之。在这些具体细节问题上稍有闪失，会直接破坏来宾的情绪，致使整个接待工作前功尽弃。具体安排来宾食宿时，大致应注意三点：一是遵守有关规定，二是尊重来宾习俗，三是尽量满足来宾需求。

(7)交通工具。出于方便来宾的考虑，对其往来、停留期间所使用的交通工具，接待方亦需予以必要的协助。来宾需要接待方为其联络交通工具时，接待方应尽力而为；来宾需要接待方为其提供交通工具时，接待方应努力满足；而当来宾自备交通工具时，接待方则应尽一切所能提供便利。

(8)安保宣传。接待重要来宾时，安全保卫与宣传报道两项具体工作通常也应列入计划之内。就安全保卫工作而言，一定要“谨小慎微”。不但需要制定预案，思想上高度重视，而且还需要注重细节，从严要求。就宣传报道而言，则应注意统一口径，掌握分寸，并报经上级有关部门批准。有关的图文报道资料，应向接待对象提供，并应自己存档备案。

2.礼宾次序

礼宾次序，又称礼宾序列，它指的是在同一时间或同一地点接待来自不同国家、不同地区、不同团体、不同单位、不同部门、不同身份的多方来宾时，接待方应依照约定俗成的方式，对其尊卑、先后的顺序或位次所进行的具体排列。

目前，我国官方活动中所执行的礼宾次序的基本排列方式主要有如下五种：

(1)排列职务。在正式场合接待多方来宾时，往往会依据其具体的行政职务的高低进行排列。对于担任同一行政职务者，可按其资历即任职的早晚排列。对于已不再担任行政职务者，则可参照其原职进行排列；但应将其排在担任现职者之后。若是接待团体来宾，团长或领队的职务的高低，则是为其进行排列的基本依据。

(2)排列字母。举行涉外性质的大型国际会议或国际体育比赛时，按国际惯例，可依据参加者所属国家或地区名称的首位拉丁字母的先后顺序进行排列。若其名称的首位字母相同，则可依据第二位字母的先后顺序进行排列。

(3)抵达早晚。对于驻外机构的负责人或是各类非正式活动的参加者，可依据其正式抵达现场的时间的早晚进行排列。此种方式，平常亦称做“先来后到”。

(4)报名先后。举办大型招商会、展示会、博览会等商贸类活动或上述几种方式难以采用时，可依据来宾正式报名参加活动的迟早进行排列。

(5)不做排列。此种方式又称“不排名”。实际上，它是在难以用其他方式进行排列时所做的一种特殊变通。

为避免接待对象产生疑问或不满，接待方不管具体采用哪一种礼宾排列方式，均需以适当的形式提前向接待对象进行必要的通报。

3.迎送陪同

具体从事来宾接待时，迎送与陪同工作都是接待方必须高度重视，悉心对待的。

(1)来宾的迎送。接待正式来访的重要客人，有时可酌情为其安排迎接、送别活动，以示对对方的重视与礼遇。公务员负责迎送活动时，主要需要注意两大问题。

其一，限制迎送的规模。目前，根据接待礼仪简化的要求，有必要对迎送规模加以限制。在接待内宾时，通常不应安排专门的迎送仪式。即便有必要组织一般性迎送，亦应务实从简，在参加人数、主人身份、车辆档次与数量上严格限制。

其二，明确时间与地点。对于远道而来的客人，东道主一方安排专人迎来送往，往往在所难免。负责迎送来宾者所需重视的是，一定要提前与对方商定双方会合的时间与地点。对于迎送来宾的具体时间与地点，双方不仅要先期确定，而且通常还应讲究主随客便。必要时，在来宾正式动身前，接待人员还需再次与对方进行确认。

(2)客人的陪同。在来宾来访期间，东道主一方在必要时往往会指定专人负责陪同对方。一般来讲，陪同客人时注意事项主要有三：

其一，照顾客人。在客人停留于东道主一方的整个期间，陪同人员都要从始至终地对客人加以关注。在不妨碍客人自由的前提下，对对方的照顾要主动、周到。

其二，方便客人。对于客人停留期间所提出的一切合理而正常的要求，陪同人员均应尽力给以满足，并主动为其工作、生活提供一切方便。

其三、坚守岗位。在任何情况下，陪同人员均需坚守岗位，不得以任何借口脱岗。平时，陪同人员不仅要做到随叫随到，还应自觉做到在规定时间之前到岗。陪同人员等待客人是正常的，而让客人等待陪同人员则是不应当的。

二、信访的接待

信访，是对人民群众来信来访的简称。具体来讲，它指的是人民群众通过来信、来访或者打电话的方式，直接向国家行政机关反映其个人或集体意愿的一种方式。由此可见，接待人民群众的来信来访，既是公务员的职责之一，又是其联系群众，与对方进行沟通、对话的一种方式。

我国政府对待信访工作的基本原则是以事实为依据，以法律为准绳，了解民意，体察民情，下情上达，上情下知，充分发扬社会主义民主。

1.基本制度

负责信访工作的公务员不但有责任及时、有效地确保政府与群众之间沟通渠道的畅通，而且还应对有关信息进行必要的甄别，以免谎报消息，误导上级。因此，必须建立健全信访工作的基本制度，并要求每一位信访工作者自觉予以遵守。

(1)登记制度。对所有的来信来访，都必须进行规范化的登记。登记的主要内容应为：来信来访者的姓名或化名、性别、政治面貌、工作单位、职务职称、民族、籍贯、家庭住址、联络方式、反映问题、基本要求、建议要点等。

进行具体登记时，要认真负责，简明扼要。登记后，通常要进行复核。一切有关的材料，通常均应存档保存。

(2)接待制度。为了便于各级国家行政机关与人民群众之间密切联系，加强沟通，应建立专门的接待制度，使信访工作制度化。各级公务员，尤其是负责者，要安排固定的时间专门接待来访者，并批阅其来信。与此同时，还应设立专用的电话线路服务于社会。接待制度一经确立，即应向社会公布，并认真接受全社会的监督。

(3)转办制度。公务员对于群众来信来访中所反映的情况与问题，必须认真对待。如果在本部门或本人职责范围之内，一律要尽快解决，不得推诿、拖延；如果需由其他单位或部门办理，则应依照有关的规定和手续，从速将其转交办理。不允许擅自越权代办，也不得借故不转、不办，或拖延转办时间。

(4)催查制度。转交其他单位或部门办理的来信来访，必须有所回报。必要的话，还应指定回报的期限。对某些重要的信访案件，信访部门按规定应在一定时间内对承办单位或部门进行催促，即催办。具体承办单位或部门则应对案件高度重视，认真组织专人负责查处，并限期结案，即查办。催办与查办互相关联，共同构成催查制度。

(5)报告制度。信访部门通常应对本职工作进行经常性的总结。一般每个月应进行一次统计分析，每个季度应进行一次综合研究，每半年或一年应进行一次全面总结。任何有关信访工作的统计分析、综合研究、全面总结，任何与信访工作相关的突发性、关键性事件，均应依照有关程序及时准确地向上级机关报告，并通报其他有关部门。

2.日常工作

要使信访工作有所收效，需要公务员从大处着眼，从小处着手，全心全意地处理好下述日常性、事务性工作。

(1)来信的处理。处理人民群众来信的工作，一般称为办信。公务员在办信时，除了应当及时查阅、及时处理、及时答复外，还需按照下列有关程序进行。

其一，拆封。通常应做到当日接信，当日拆启。拆启来信时，一般均应注明拆启日期或加盖日戳，并进行编号，以供日后查阅。

其二，阅信。拆启来信后，应尽早认真阅读，不准拆而不阅，或阅信时漫不经心。阅信时，应客观冷静，理清头绪，掌握重点，全面了解其内容。

其三，登记。阅信之后，应认真登记。来信登记的具体内容，则应遵照有关规定。

其四，报转。大凡重要来信，都要报转。报，是指报请领导批阅。它要求报得准，既不漏报，又不滥报。转，则是指将来信转给有关单位或部门处理。它要求符合规定，不乱转，不错转，不得转给来信直接所涉之人。

其五，答复。对来信，必须在一定期限内给予必要的答复。即便其反映的问题一直悬而未决，也不宜不理睬来信者。来信报转后，一般要告知来信者。

其六，存查。结案之后的一切来信，都应整理归档，以备查考。与此同时，要对来信予以保密。不论是来信者的姓名或来信的内容，均不得随意向外界公开。

(2)来访的接待。任何登门来访的人民群众，公务员都要认真予以接待。接待时应特别关注以下三点：

其一，接待地点。在条件允许的前提下，各级国家行政机关均应设置专用的来访接待室。一般而言，来访专用的接待室应干净整洁，保持肃静，并且易于保密。除此之外，还应交通便利，易于寻找。可在附近悬挂指示牌，并在接待室的门上悬挂醒目标志。

其二，接待人员。接待来访者的工作人员，大体上可分作专业人员与非专业人员两类。前者是指信访部门的工作人员，后者则指非信访部门的其他公务员。不论是专业人员还是非专业人员，在来访者的眼中都是国家行政机关的代表。因此，在接待来访者时，均应以礼待人，平易近人，热情助人。在任何情况下，都不允许对来访者不理不睬，怠慢轻视，推诿训斥或者讥刺挖苦。

其三，接待程序。正式接待来访者时，有必要遵守必要的接待程序，以示接待的正规化和对对方的尊重。来访者抵达时，应起身相迎，握手问候，并为其让座，对对方以尊称相称。当来访者反映问题时，应认真倾听，做好笔录。必要时可请对方签名或进行核对，但不可诱导对方。对对方提出的要求，不宜急于表态，而应遵守规定。当对方告辞时，应起身相送，并主动道别，切不可逐客。倘若必要，应主动与来访者保持联系。

(3)电话的接听。打电话反映问题，是近年来人民群众来信来访的一种新形式。对于人民群众为反映问题而拨打来的每一个电话，公务员均应认真对待，认真处理。

其一，设立“热线电话”。有条件的单位或部门，可设立专用的“热线电话”，为人民群众参政议政、监督举报、反映问题主动提供方便。“热线电话”设立之后，应利用大众传媒公布专用号码与值守时间。

其二，指派专人接听。凡正式设立的面向社会的“热线电话”，应安排专人负责接听，并建立健全岗位责任制。对来电的基本内容，一般应进行记录或录音。必要的话，还需报转答复。

其三，注意通话态度。公务员不论是否专门负责“热线电话”的接听，在其接听人民群众拨打进来的反映有关问题的电话时，均应注意自己的通话态度，表现出自己高度的政治责任心与为群众服务的热情。一定要做到来者不拒，有问必答，热情以对。不允许一推了之，含糊其词或傲慢无礼。

第三节　会面礼仪

会面，通常是指在较为正式的场合与别人相见。在日常工作中，公务员往往需要会见各式各样的客人。当公务员以主人的身份在工作岗位上会见正式来访的客人时，既要对对方热情、友好，又要讲究基本的会面礼节。从某种意义上来说，假如不讲究基本的会面礼节，那么公务员对会见对象的热情友好往往难以得到体现。

一、称呼的习惯

称呼，一般是指人们在交往应酬中彼此之间所采用的称谓语。选择正确的、适当的称呼，既反映着自身的教养，又体现着对他人的重视程度，有时甚至还体现着双方关系所发展到的具体程度。

公务员在正式场合所使用的称呼，应注意如下两点：

1.正规称呼

在工作岗位上，人们所使用的称呼自有其特殊性。下述五种称呼方式，是比较正规常用的。

(1)称呼行政职务。在人际交往中，尤其是在对外界的交往中，此类称呼意在表示交往双方身份有别，最为常用。

(2)称呼技术职称。对于具有技术职称的人，特别是具有高、中级技术职称者，在工作中可直称其技术职称，以表示对对方的尊敬。

(3)称呼职业名称。一般来说，直接称呼被称呼者的职业名称，也比较容易被人接受。

(4)称呼通行尊称。通行尊称，也指泛尊称，它通常适用于各类被称呼者。诸如“同志”“先生”等，都属于通行尊称。不过，其具体适用对象也存在差别。

(5)称呼对方姓名。称呼同事、熟人，可以直接称呼其姓名，以示关系亲近。但对尊长、外人，显然不可如此。

2.称呼之忌

以下四种错误称呼，都是公务员平日不宜采用的。

(1)庸俗的称呼。公务员在正式场合假如采用低级庸俗的称呼，是既失礼，又失身份的。

(2)他人的绰号。在任何情况下，当面以绰号称呼他人，都是不尊重对方的表现。

(3)地域性称呼。有些称呼，诸如，“师傅”“小鬼”等，这些称呼具有地域性特征，不宜不分对象地滥用。

(4)简化性称呼。在正式场合，有不少称呼不宜随意简化。例如，把“张局长”“王处长”称为“张局”“王处”，既不礼貌，又显得不伦不类。

二、问候的做法

问候，亦称问好、打招呼。一般而言，它是人们与他人相见时以语言向对方致意的一种方式。一个人在接触他人时，如果不主动问候对方，或者对对方的问候不予以回应，是十分失礼的。

在有必要问候他人时，公务员主要需要在问候的次序、问候的态度、问候的内容三个方面加以注意。

1.问候次序

在正式会面时，宾主之间的问候，在具体的次序上有一定的讲究。

(1)一个人问候另一个人。一个人与另外一个人之间的问候，通常应该“位低者先行”，即身份较低者首先问候身份较高者，才是适当的。

(2)一个人问候多人。一个人有必要问候多个人时，既可以笼统地加以问候，又可以逐个加以问候。当一个人逐一问候许多人时，既可以由“尊”而“卑”、由长而幼地依次而行，也可以由近而远地依次而行。

3.问候态度

问候是对他人尊敬的一种表现。当问候他人时，在具体态度上需要注意四点：

(1)主动。问候他人，应该积极、主动。如果他人首先问候自己，应立即予以回应。

(2)热情。在问候他人时，通常应表现得热情而友好。毫无表情，或者表情冷漠，都是应当避免的。

(3)自然。问候他人时的主动、热情，必须表现得自然而大方。矫揉造作，神态夸张，或者扭扭捏捏，都不会给他人留下好的印象。

(4)专注。公务员在对交往对象进行问候时，应当面含笑意，以双目注视对方的两眼，应口到、眼到、意到，表现出自己的专心。

3.问候内容

问候他人，在具体内容上大致有两种，这两种各有自己适用的不同范围。

(1)直接式。所谓直接式问候，就是直截了当地以问好作为问候的主要内容。它适用于正式的人际交往，尤其是宾主双方初次相见。

(2)间接式。所谓间接式问候，就是以某些约定俗成的问候语，或者用在当时条件下可以引起的话题，诸如，“忙什么呢”“您去哪里”等，来替代直接式问好。它主要适用于非正式交往，尤其是经常见面的熟人之间。

三、介绍的艺术

在人际交往中，特别是人与人之间的初次交往中，介绍是人与人之间相互沟通的出发点，同时也是一种最基本、最常规的沟通方式。

在日常工作与生活里，公务员所应掌握的介绍主要有如下三个方面：

1.介绍自己

俗称自我介绍，它指的是由本人担任介绍人，自己把自己介绍给别人。公务员在介绍自己时，通常需注意如下三点：

(1)内容要真实。公务员介绍自己时应当实事求是，所具体表述的各项内容应当真实无欺。既没有必要自吹自擂，吹牛撒谎，也没有必要过分自谦，遮遮掩掩。

(2)时间要简短。在介绍自己时，公务员应当有意识地抓住重点，言简意赅，努力节省时间。一般而言，介绍自己所用的时间以半分钟左右为佳。若无特殊原因，是不宜超过一分钟的。

(3)形式要标准。就形式而论，公务员所适用的自我介绍主要分为两种。其一是应酬型的自我介绍。它仅含本人姓名这一项内容，主要适用于初次见面不愿深交者。其二是公务型的自我介绍。它通常包括本人的单位、部门、职务、姓名等内容，并且往往不可或缺。它主要适用于正式的因公交往。

2.介绍他人

介绍他人，亦称第三者介绍，它是指经第三者为互不相识的双方所进行的介绍。

从礼仪上来讲，介绍他人时，最重要的是被介绍双方的先后顺序。也就是说，在介绍他人时，介绍者具体应当先介绍谁、后介绍谁，是要十分注意的。

标准的做法，是“尊者居后”。即为他人作介绍时，先要具体分析一下被介绍双方身份的高低，应首先介绍身份低者，然后介绍身份高者。具体而言：介绍女士与男士相识时，应当先介绍男士，后介绍女士；介绍长辈与晚辈相识时，应当先介绍晚辈，后介绍长辈；介绍外人与家人相识时，应当先介绍家人，后介绍外人；介绍客人与主人相识时，应当先介绍主人，后介绍客人；介绍上司与下级相识时，应当先介绍下级，后介绍上司。

3.介绍集体

介绍集体，实际上是介绍他人的一种特殊情况，它是指被介绍的一方或者双方不止一人的情况。介绍集体时，被介绍双方的先后顺序依旧至关重要。具体来说，介绍集体又可分为两种基本形式。

(1)单向式。当被介绍的双方一方为一个人，另一方为由多个人组成的集体时，往往可以只把个人介绍给集体，而不必再向个人介绍集体。这就是介绍集体的所谓单向式。

(2)双向式。介绍集体的所谓双向式，是指被介绍的双方皆为一个由多人所组成的集体。在具体进行介绍时，双方的全体人员均应被正式介绍。在公务交往中，此种情况比较多见。它的常规做法是由主方负责人首先出面，依照主方在场者具体职务的高低，自高而低地依次进行介绍。接下来，再由客方负责人出面，依照客方在场者具体职务的高低，自高而低地依次进行介绍。

四、座次的尊卑

会见客人时，中国人“坐，请座，请上座；茶，上茶，上好茶”的故事就暗含了让座的学问。公务员在会客时，对于让座问题应予以重视。

具体而言，公务员在会见时让座于人有两点注意事项：其一，必须遵守有关的惯例；其二，必须讲究主随客便。从总体上讲，会客时公务员通常应当恭请来宾就座于上座。会见时的座次安排，大致有如下五种：

1.相对式

即宾主双方面对面而坐。这种方式显得主次分明，往往易于双方保持距离，公事公办。它多适用于公务性会客，通常又分为两种情况：

(1)双方就座后一方面对正门，另一方则背对正门。此时讲究“面门为上”，即面对正门之座为上位，应请客人就座；背对正门之座为下位，宜由主人就座。

(2)双方就座于室内两侧，并且面对面地就座。此时讲究进门后“以右为上”，即进门后右侧之座为上位，应请客人就座；左侧之座为下位，宜由主人就座。当宾主双方不止一人时，情况也是如此。

2.并列式

它的基本做法是宾主双方并排就座，以暗示双方地位相仿，关系密切，可以“平起平坐”。它具体分为两类情况：

(1)双方一同面门而座。此时讲究“以右为上”，即主要宜请客人就座在自己的右侧。若双方不止一人时，双方的其他人员可各自分别在主人或主宾的一侧按身份高低依次就座。

(2)双方一同在室内的右侧或左侧就座。此时讲究“以远为上”，即距门较远之座为上座，应当让给客人；距门较近之座为下座，应留给主人。

3.居中式

所谓居中式排位，实为并列式排位的一种特例。它是指当多人并排就座时，讲究“居中为上”，即应以居于中央的位置为上座，请客人就座；以其两侧的位置为下座，由主方人员就座。

4.主席式

它主要适用于在正式场合由主人一方同时会见两方或两方以上的客人。此时，一般应由主人面对正门而坐，其他各方来宾则应在其对面背门而坐。这种安排犹如主人正在主持会议，故称之为主席式。有时，主人亦可坐在长桌或椭圆桌的尽头，而请各方客人就座在两侧。

5.自由式

即会见时有关各方均不分主次，不讲位次，而是一律自由择座。进行多方会面时，常常采用此法。

五、合影的要求

一次较为正式的会面之后，宾主双方往往需要合影留念。在涉外交往之中，对此尤其比较讲究。处理合影的问题，通常要求关注下述两个重点问题：

1.合影准备

凡预备正式合影，具体负责操办此事的公务员应认真地准备。在进行准备工作时，需特别关注以下细节：

(1)主随客便。在合影前，主方宜征求来宾意见，切勿勉强从事。有些外国人士出于宗教方面或其他方面的原因，往往忌讳拍照，他们对合影多有抵触情绪，此时主方就不宜勉强。

(2)提供照片。合影之后，主方宜向参与合影的各方人士主动提供照片，并保证人手一张。

(3)布置场所。正式的合影，均应预先选择好场地，并进行认真的布置。临时凑合，往往欠妥。

(4)备好器材。拍照时需用的一切器材，均应提前备好、备足，以防在合影时发现短缺，使场面变得尴尬。

(5)确定时间。正规的合影，在必要时要向所有参加者通报具体的时间，使对方有所准备。

(6)忌讳他用。公务合影的照片，只宜作为资料或纪念。一般不宜用于商务活动，也不得随便发表。

2.合影排位

正式的合影，既可以排列位次，也可以不排列位次。需要排列具体位次时，应首先考虑到所排位次是否方便拍摄。与此同时，还应兼顾场地的大小、人数的多少、身材的高矮、内宾或外宾等等。

正式合影的人数，一般宜少不宜多。在合影时，宾主一般均应站立。必要时，可安排前排人员就座，后排人员梯级站立。但是，通常不宜要求合影的参加者蹲着参加拍照。

合影时，若安排参加者就座，应预先在座位上贴上便于辨认的名签。

具体涉及合影的排位问题，国内和涉外的注意事项是不同的。

(1)国内合影的排位。一般讲究居前为上、居中为上和居左为上。具体来看，又有单数与双数之别。通常，合影时主方人员居右，客方人员居左。

(2)涉外合影的排位。应遵守国际惯例，宜令主人居中，主宾居右，令双方人员按照主左宾右的原则依次排开。

第四节　会议礼仪

会议，通常是指将特定范围的人员召集在一起，对某些专门问题进行研究、讨论，有时还需作出决定的一种社会活动形式。在处理日常性行政事务时，各级政府部门往往召开各种会议。

不论是召集、组织会议，还是参加会议，为会议服务，公务员都有一些基本守则必须遵守。此类与会议相关的守则，就包括会议礼仪。会议礼仪的关键性内容有会务性工作、会场的排座、会风的端正三项。

一、会务性工作

但凡正规的会议，均需进行缜密而细致的组织工作。具体而言，会议的组织工作，在其进行前、进行时与进行后又各有不同的要求。负责会务工作的公务员，在具体的工作之中，一定要遵守常规，讲究礼仪，细致严谨，作好准备。

1.会议之前

在会议的种种组织工作中，以会前的组织工作最为关键。它大体上包括以下四个不同的方面。

(1)会议的筹备。举行任何会议，皆需先行确定会议主题(包括会议名称)。负责筹备会议的工作人员，则应围绕会议主题，将领导议定的会议的规模、时间、议程等组织落实。筹备时通常要组成专门班子，明确分工，责任到人。

(2)通知的拟发。按常规，举行正式会议均应提前向与会者下发会议通知。通知是指由会议的主办单位发给所有与会单位或全体与会者的书面文件，同时还包括向有关单位或嘉宾发的邀请函件。公务员在这方面主要应做好两件事：其一，拟好通知。会议通知一般应由标题、主题、会期、出席人员、报到时间、报到地点以及与会要求七个要点组成。拟写通知时，应保证其完整而规范。其二，及时送达。下发会议通知，应设法保证其及时送达，不得延误。

(3)文件的起草。会议上所用的各种文件材料，一般应在会前准备妥当。需要认真准备的会议文件，主要有会议的议程、开幕词、闭幕词、主题报告、大会决议、典型材料、背景介绍等。有的文件应在与会者报到时就要发放。

(4)常规性准备。负责会务工作时，往往有必要对一些会议所涉及的具体细节问题，做好充分的准备工作。其一，做好会场的布置。对于会议举行的场地要有所选择，对于会场的桌椅要根据需要作好安排，对于开会时所需的各种音响、照明、投影、摄像、摄影、录音、空调、通风设备和多媒体设备等，应提前进行调试检查。其二，根据会议的规定，与外界搞好沟通。比如向有关新闻部门、公安保卫部门进行通报。其三，会议用品的采办。有时，一些会议用品，如纸张、本册、笔具、文件夹、姓名卡、座位签以及饮料、声像用具，还需要补充采购。

2.会议期间

负责会议具体工作的公务员，应该一丝不苟地做好下列工作。

(1)例行服务。会议举行期间，一般应安排专人在会场内外负责迎送、引导、陪同与会人员。对与会的贵宾，老、弱、病、残、孕者，少数民族人士，宗教界人士，港澳台同胞，海外华人和外国人，往往还需进行重点照顾。对于与会者的正当要求，应有求必应。

(2)会议签到。为掌握到会人数，严肃会议纪律，凡大型会议或重要会议，通常要求与会者在入场时签名报到。会议签到的通行方式有三：一是签名报到，二是交券报到，三是刷卡报到。负责此项工作的人员，应及时向会议的负责人进行通报。

(3)餐饮安排。举行较长时间的会议时，一般应为与会者安排会间的工作餐。与此同时，还应为与会者提供卫生可口的饮料。会上所提供的饮料，最好便于与会者自助饮用，不提倡为其频频斟茶续水。那样做往往既不卫生，又有可能妨碍对方。如果必要，还应为外来的与会者在住宿、交通方面提供力所能及、符合规定的方便条件。

(4)现场记录。凡重要的会议，均应进行现场记录，其具体方式有笔记、打印、录入、录音、录像等。可单用某一种，也可交叉使用。

负责手写笔记会议记录时，对会议名称、出席人数、时间地点、发言内容、讨论事项、临时议论、表决选举等基本内容要力求做到完整、准确、清晰。

(5)编写简报。有些重要会议，往往在会议期间要编写会议简报。编写会议简报的基本要求是快、准、简。快，是要求其讲究时效；准，是要求其准确无误；简，则是要求文字精炼。

3.会议之后

会议结束，应做好必要的后续性工作。后续性工作大致包括三项：

(1)形成文件。这些文件包括会议决议、会议纪要等。一般要求尽快形成，会议一结束就下发或公布。

(2)处理材料。根据工作需要与相关保密制度的规定，在会议结束后对与其有关的一切图文、声像材料进行细致的收集、整理工作。收集、整理会议的材料时，应遵守规定与惯例，应该汇总的材料，一定要认真汇总；应该存档的材料，要一律归档；应该回收的材料，一定要如数收回；应该销毁的材料，则一定要仔细销毁。

(3)协助返程。大型会议结束后，主办单位一般应为外来的与会者提供一切返程的便利。若有必要，应主动为对方联络、提供交通工具，或是替对方订购、确认返程的机票、船票、车票。当集体与会人员或与会的特殊人士离开本地时，还可安排专人为他们送行，并帮助他们托运行李。

二、会场的排座

举行正式会议时，通常应事先排定与会者，尤其是其中身份尊贵者的具体座次。越是重要的会议，座次的排定往往就越受到社会各界的关注。对有关会场排座的礼仪规范，公务员不但需要有所了解，而且必须认真遵守。在实际操办会议时，由于会议的具体规模多有不同，因此其具体的座次排定便存在一定的差异。

1.小型会议

小型会议，一般指参加者较少、规模不大的会议。它的主要特征是全体与会者均应排座，不设立专用的主席台。小型会议的排座，目前主要有以下三种具体形式：

(1)自由择座。它的基本做法是不排定固定的具体座次，而由全体与会者完全自由地选择座位就座。

(2)面门设座。它一般以面对会议室正门之位为会议主席之座。其他与会者可在其两侧自左而右依次就座。

(3)依景设座。所谓依景设座，是指会议主席的具体位置，不必面对会议室正门，而应当背依会议室之内的主要景致所在，如字画、讲台等。其他与会者可在其两侧依次就座。

2.大型会议

大型会议，一般指与会者众多、规模较大的会议。它的最大特点是会场上应分设主席台与群众席。前者必须认真排座，后者的座次则可排可不排。

(1)主席台排座。大型会场的主席台，一般应面对会场主入口。主席台上的就座之人，通常应当与群众席上的就座之人呈面对面之势。在主席台每一名成员面前的桌上，均应放置双向的桌签。

主席台排座，具体又可分为主席团排座、主持人座席、发言者席位三个方面。其一，主席团排座。主席团，在此是指在主席台上正式就座的全体人员。国内目前排定主席团位次的基本规则有三：一是前排高于后排，二是中央高于两侧，三是左侧高于右侧。其二，主持人座席。会议主持人，又称大会主席。其具体位置之所在有三种方式可供选择：一是居于前排正中央；二是居于前排的两侧；三是按其具体身份排座，但不宜令其就座于后排。其三，发言者席位。又叫做发言席。在正式会议上，发言者发言时不宜就座于原处发言。发言席的常规位置有二：一是主席团的正前方，二是主席台的右前方。

(2)群众席排座。在大型会议上，主席台之下的一切座席均称为群众席。群众席的具体排座方式有二：其一，自由式择座。即不进行统一安排，而由大家各自择位而坐。其二，按单位就座。它指的是与会者在群众席上按单位、部门或者地位、行业就座。它的具体依据，既可以是与会单位、部门的汉字笔画的多少、汉语拼音字母的前后，也可以是其平时约定俗成的序列。按单位就座时，若分为前排后排，一般以前排为高，以后排为低；若分为不同楼层，则楼层越高，排序越低。在同一楼层排座时，又有两种普遍通行的方式：一是以面对主席台为基准，自前往后进行横排，二是以面对主席台为基准，自左而右进行竖排。

三、会风的端正

端正会风，公务员也应尽到自己的责任。

1.改进会风

端正会风，一般应从改进会风做起。

(1)反对形式主义。开会绝不能搞形式主义，不能将会议的大小、次数的多少等同于自己的政绩。要提倡少开会、开小会，不开可有可无的会。

(2)严格控制会议。从根本上来讲，应在总体上改进会议形式、提高会议质量，从总量上对会议加以严格而具体的控制。标准要清，执行要严，检查要细，处罚要重，要形成制度。

(3)禁止铺张浪费。对于开会讲排场、铺张浪费、假公济私者，尤其是借开会之机大吃大喝、滥发礼品、公费旅游者，均应依照党纪、政纪乃至法律，从严查处。

2.提高效率

提高会议效率，即召开会议时应努力节省时间、人力、物力和财力，并力争取得较为圆满的成果。一般认为，提高会议效率的行之有效的办法有四条：

(1)集中主题。一次会议，最好选定一个单一而明确的主题。万一有必要同时安排多项重要内容时，也应力求有主有次，主题鲜明。

(2)改进形式。允许开会的具体形式灵活多样，重在看会议有无收效，能否解决问题。提倡利用电视、电话、广播、互联网等现代化媒体举行会议。

(3)压缩内容。应删除一切可有可无的会议内容。一般性质的内容，可采用书面材料。尽量避免领导人“陪会”。

(4)限定时间。对于会议的起止时间、休息时间、发言时间、讨论时间，应有明确规定，并严格执行。力戒拖沓。

3.严守会纪

出席会议时，每一位公务员均应严守会议纪律，以“从我做起”来切实端正会风。

(1)遵守时间。参加会议时，一定要严格地、自觉地遵守有关会议时间的具体规定，做到如下几点：其一，准时到会。不得无故迟到、缺席。其二，准点开会。规定的开会时间一到，即应准点开会。其三，限时发言。不仅要限定发言人数，还应规定其所用时间的长短。其四，到点散会。规定的会议结束时间一到，如没有特殊原因，即应宣布散会。

(2)维持秩序。在会议举行期间，公务员应自觉地维护会场的正常秩序，确保会议顺利进行。具体应做到如下几点：其一，各就各位。出席正式会议时，应在指定之处就座。未获许可时，不要自由择座，争座抢座；不得东游西逛，中途退场。其二，保持安静。会场的安静，是会议顺利进行的基本条件。除正常的鼓掌发言外，严禁出现任何噪音。其三，遵守规定。对有关禁止录音、录像、拍照、吸烟以及使用移动电话等具体规定，应认真遵守。

(3)专心听讲。参加会议时，公务员应认真而专注地听取一切发言。具体要做到以下两点：其一，一心一意。当他人发言时，不允许心不在焉，更不得公然忙于他事。其二，支持他人。当听取他人发言时，除适当地记笔记外，应注视对方，并在必要时以点头、微笑或掌声表达对对方的支持。

第五节　谈判礼仪

公务员因为工作的需要，经常需要代表自己所在的单位、部门，与其他部门、其他单位、其他行业的人士进行接洽商谈，以便维护各自一方的利益，并就某些问题达成一致。比较正规的工作性洽商，即可称之为谈判。

所谓谈判，又叫做会谈，它指的是有关各方为了各自的利益，进行有组织、有准备的正式协商及讨论，互让互谅，求同存异，以求最终达成某种协议的整个过程。

从实践上看，谈判并非人与人之间的一般性交谈，谈判者有备而至，方针既定，目标明确，志在必得。虽然谈判讲究的是理智、技巧和策略，但这并不意味着绝对不受人的思想、情感的影响。在任何谈判中，礼仪都颇受重视。在谈判中以礼待人，不仅体现着谈判者自身的教养与素质，而且还会对谈判对手的思想、情感产生一定程度的影响。

一般而言，谈判的礼仪重点涉及谈判地点、谈判座次、谈判表现、签字仪式等方面。

一、谈判地点

在正式谈判中，具体谈判地点的确定很有讲究。它不仅直接关系到谈判的最终结果，而且还直接涉及礼仪的应用问题。具体而言，它又与谈判分类、操作细则两个问题有关。

1.谈判分类

假如按照谈判地点的不同来进行划分，谈判可分为以下四类：

(1)主座谈判。所谓主座谈判，指的是在东道主单位所在地所举行的谈判。此种谈判往往使东道主一方拥有较大的主动性。

(2)客座谈判。所谓客座谈判，指的是在谈判对象单位所在地举行的谈判。这种谈判显然会使谈判对象占尽地主之利。

(3)主客座谈判。所谓主客座谈判，指的是在谈判双方单位所在地所轮流举行的谈判。这种谈判，对谈判双方都比较公正。

(4)第三地谈判。所谓第三地谈判，指的是谈判在不属于谈判双方所在单位所在地之外的第三地点进行。这种谈判，较主客座谈判更为公平，更少干扰。

显而易见，上述四类谈判对谈判双方的利与弊往往不尽相同，因此各方会主动争取有利于己方的选择。

2.操作细则

对于参加谈判的每一方来说，确定谈判的具体地点事关重大。从礼仪上来讲，具体确定谈判地点时，有两个方面的问题必须为有关各方所重视。

(1)商定谈判地点。在谈论、选择谈判地点时，既不应该对对手听之任之，也不应当固执己见。正确的做法是应由各方各抒己见，由大家协商确定。

(2)做好现场布置。在谈判之中，东道主应按照分工，自觉地做好谈判现场的布置工作，以尽地主之谊。如果进行第三地谈判，则谈判各方应派出代表，共同去安排现场。

二、谈判座次

举行正式谈判时，有关各方在谈判现场具体就座的位次，是非常严格的。从总体上讲，排列正式谈判的座次，可根据以下两种情况安排。

1.双边谈判

双边谈判，指的是由两个方面的人士所举行的谈判。在一般性的谈判中，双边谈判最为多见。

双边谈判的座次排列，主要有两种形式可供选择。

(1)横桌式。横桌式座次排列，是指谈判桌在谈判室内横放，客方人员面门而坐，主方人员背门而坐。除双方主谈者居中就座外，各方的其他人士依其具体身份的高低，各自先右后左、自高而低地分别在己方一侧就座。双方主谈者的右侧之位，在国内谈判中可坐副手，而在涉外谈判中则应由译员来坐。

(2)竖桌式。竖桌式座次排列，是指谈判桌在谈判室内竖放。具体排位时以进门时的方向为准，右侧由客方人士就座，左侧由主方人士就座。在其他方面，则与横桌式排座相仿。

2.多边谈判

多边谈判，在此是指由三方或三方以上人士所举行的谈判。多边谈判的座次排列，主要也可分为两种形式。

(1)自由式。自由式座次排列，即各方人士在谈判时自由就座，而无需事先正式安排座次。

(2)主席式。主席式座次排列，是指在谈判室内面向正门设置一个主席之位，由各方代表发言时使用。其他各方人士，则一律背对正门、面对主席之位分别就座。各方代表发言后，亦需下台就座。

三、谈判表现

举行正式谈判时，谈判者，尤其是主谈者的临场表现，往往直接影响到谈判的现场气氛。一般认为，对谈判者的临场表现起着重要作用的是讲究打扮、保持风度和礼待对手。

1.讲究打扮

参加谈判时，公务员一定要讲究自己的穿着打扮。此举并非是为了招摇，而是为了表示自己对于谈判的高度重视。

(1)修饰仪表。参加谈判前，应认真修饰个人仪表，尤其要选择端庄、雅致的发型。一般不宜染彩色发。男士通常还应当剃须。

(2)精心化妆。出席正式谈判时，女士通常应当认真化妆，但不可浓妆艳抹。女士的妆容应当淡雅清新，自然大方。

(3)规范着装。公务员在参加正式谈判时的着装，一定要简约、庄重，切不可摩登前卫、标新立异。一般而言，选择深色套装、套裙，白色衬衫，并配黑色皮鞋，才是最正规的。

2.保持风度

在整个谈判进行期间，每一位谈判者都应当自觉保持风度。

具体来说，在谈判桌上保持风度，应当兼顾以下两个方面。

(1)心平气和。在谈判桌上，每一位成功的谈判者均应做到心平气和，处变不惊，不急不躁，冷静处事。既不成心惹谈判对手生气，也不自己找气生。在谈判中始终保持心平气和，是所有高明的谈判者应保持的风度。

(2)争取双赢。谈判往往是一种利益之争，因此谈判各方无不希望在谈判中最大限度地维护或者争取自身的利益。然而，真正成功的谈判，应当以妥协即有关各方的相互让步为结局。这也就是说，谈判不应当以“你死我活”为目标，而是应当使有关各方互利互惠，各有所得，实现双赢。在谈判中，只顾争利而不懂得适当地让利于人，只顾己方目标的实现，而让对方一无所得，是不会真正赢得谈判的。

3.礼待对手

在谈判期间，公务员一定要礼待自己的谈判对手。具体来讲，主要需要注意以下两点：

(1)人事分开。在谈判中，必须明白对手之间的关系是“两国交兵，各为其主”的。指望谈判对手对自己手下留情，甚至“里通外国”，不是自欺欺人，便是白日做梦。因此，要正确地处理己方人员与谈判对手之间的关系，做到人与事分别而论。也就是说，大家朋友归朋友，谈判归谈判。在谈判之外，对手可以成为朋友。在谈判之中，朋友也会成为对手。不容混为一谈。

(2)讲究礼貌。在谈判过程中，公务员不论身处顺境还是逆境，都切不可意气用事、举止粗鲁、表情冷漠、语言放肆、不尊重谈判对手。在任何情况下，谈判者都应该待人谦和，彬彬有礼，对谈判对手友善相待。即使与对方存在严重的利益之争，也切莫对对方恶语相加，讽刺挖苦，不尊重对方的人格。

四、签字仪式

签字仪式，通常是指订立合同、协议的各方在合同、协议正式签署时所正式举行的仪式。举行签字仪式，不仅是对谈判成果的一种公开化、固定化处理，而且也是有关各方对自己履行合同、协议所做出的一种正式承诺。

1.位次排列

从礼仪上来讲，举行签字仪式时，在力所能及的条件下，一定要郑重其事，认认真真。其中最引人注目的，当属举行签字仪式时座次的排列方式问题。

一般而言，举行签字仪式时，座次排列的具体方式共有三种基本形式，它们分别适用于不同的情况。

(1)并列式。并列式排座，是举行双边签字仪式时最常见的形式。它的基本做法是：签字桌在室内面门横放。双方出席仪式的全体人员在签字桌之后并排排列，双方签字人员居中面门而坐，客方居右，主方居左。

(2)相对式。相对式签字仪式的排座，与并列式签字仪式的排座基本相同。二者之间的主要差别，只是相对式排座将双方参加签字仪式的随员席移至签字人的对面。

(3)主席式。主席式排座，主要适用于多边签字仪式。其操作特点是：签字桌仍需在室内横放，仍需面对正门，但只设一个，并且不固定其就座者。举行仪式时，各方人员，包括签字人在内，皆应背对正门、面向签字席就座。签字时，各方签字人应以规定的先后顺序依次走上签字席就座签字，然后退回原处就座。

2.基本程序

公务员在具体操作签字仪式时，可以依据下述基本程序进行运作。

(1)宣布开始。此时，有关各方人员应先后步入签字厅，在各自既定的位置上正式就位。

(2)签署文件。通常的做法是首先签署应由己方保存的文本，然后再签署应由他方保存的文本。

依照礼仪规范，每一位签字人在己方所保留的文本上签字时，应当名列首位。因此，每一位签字人均需首先签署将由己方保存的文本，然后再交由他方签字人签署。此种做法，通常称为“轮换制”。它的含义是：在文本签名的具体排列顺序上，应轮流使有关各方均有机会居于首位一次，以示各方完全平等。

(3)交换文本。各方签字人此时应握手，互致祝贺，并互换方才用过的签字笔，以志纪念。全场人员应热烈鼓掌，以表示祝贺。

(4)饮酒庆贺。有关各方人员一般应在交换文本后当场饮上一杯香槟酒，并与其他方面的人士一一干杯。这是国际上所通行的增加签字仪式喜庆色彩的一种常规性做法。

第六节　办公室相处礼仪

中国是一个人情社会，办公室难免有亲疏远近之分，而“办公室政治”往往导致部门内出现小团队，这显然直接影响了政府部门工作效率和形象。

机关公务员所从事的具体工作往往有别，但都免不了与他人打交道。因此，在实际工作中，机关公务员必须力求交际美，即妥善地协调自己的各种人际关系，高度重视自己的每一位交往对象，以内求团结，外求发展。

一、与上级相处的礼节

相信大家都知道在职场中处理好人际关系的重要性，在公务员队伍中亦是如此。而与上级关系的处理，显得格外重要。是否能和领导成功相处，能否获得领导的信任，这些都与职业前途有关。

以下是公务员在处理与上级关系时必须遵守的规则：

1.尊重领导，要服从上级的领导

恪守本分的领导，一般具有较高的威望、资历和能力，有很强的自尊心。作为下属，应当维护好领导的威望和自尊。外出活动时，应随时做好自然得体地为上司“补台”的准备。和上司一起出席重要活动时，更要把自己摆在次要位置，以显示出上司的地位，不要因为只顾自我娱乐或是与更高层的领导攀谈而冷落了自己的上司。

在领导面前，应有谦虚的态度，不能顶撞领导，特别是在公开场合，尤其应注意，即使与领导的意见相左，也应在私下与领导说明。对领导的工作不能求全责备，而应多出主意，帮助领导干好工作，不要在同事之间随便议论领导、指责领导。

2.支持上级，听从领导指挥

领导对下属有工作方面的指挥权。对领导在工作方面的安排、指挥必须服从，即使有意见或不同想法，也应执行，对领导指挥中的错误可事后提出意见。树立服从意识。下级服从上级才有可能政令畅通。

领导者与被领导者之间并不存在不可逾越的鸿沟，但是社会客观上却赋予了这两者不同的社会职能。就被领导者来说，在工作上，不能超越自己一定范围内的权限，不能越俎代庖。如果下级替代了上级，定会招致上司的不满，在工作上就会造成混乱。

3.说话要注意变换思维，“体察上意”

古代，有一位皇帝做了一个梦，他梦见自己的牙齿全掉了。第二天他召集众大臣为他解梦，当他把梦中的情景叙说完毕后，众臣哑然无声，沉默了许久，在皇帝的再三追问之下，一位大臣开口说话了，他答道：“这个梦说明陛下您的亲人们，将一个一个地都先您而逝去。”皇帝蹙眉说：“就是说他们都短命喽？”这时众臣都对这个大臣使眼色，暗示他不要再说下去了，而这个大臣却视而不见，依然按照自己的思路说了下去：“是的，陛下！”皇帝按捺不住满腔的怒火，喝道：“来人，将他拉出去斩首！”于是，这个大臣就被杀掉了。皇帝又继续追问众大臣："众卿，你们继续来为朕解此梦意！"大臣们面面相觑，不敢再言。皇帝怒道："平日里你们一个个都自诩博览群书，才高八斗，今日怎么都成哑巴了呢！"这时另一位大臣，见皇帝恼怒，僵局一时无法打破，便略加思索，出来奏道："陛下，这梦是一个好征兆呀。"皇帝转怒为喜，问道："何解？"这位大臣接着说道："陛下洪福齐天，将比所有的亲人都活得长久！"皇帝一闻此言大喜，连忙传旨给这位大臣重赏，并升他为一品大员。故事说到这里已经结束，但这个故事却留给人们一个启示：说话的艺术。前后两位大臣对皇帝所说的话，实际上都是同一个意思。一样话，十样说，可一句让人笑，一句让人跳。在工作中给领导提建议时，一定要考虑场合，注意维护领导的威信。提建议一般应注意两个问题：一是不要急于否定领导的想法，而应先肯定领导的大部分想法，然后有理有据地阐述自己的见解。二是要根据领导的个性特点确定具体的方法。如对严肃的领导可用正面建议法，对开朗的领导可用幽默建议法，对年轻的领导可用直言建议法，对老领导可用委婉建议法。

4.请示领导，不得越级

要服从第一领导。工作时遇到问题，无论你的工作有多积极、多努力，都不可越过你的直接领导而去请示更高一层的领导，这是初入职场的新职员最容易忽视的一点。

在职场，一定得把尊重他人放在首位。遇到问题，首先要向你的直接领导汇报，除非特殊情况，否则不要轻易越级汇报工作。一旦越级，对你的直接领导来说，就是一种不尊重。从高一级的领导的角度来看，你间接传达的信息是你的直接领导工作有"问题"，或者你有特别的目的，这样的举动会给你带来许多麻烦。所以，上下级之间一定要学会沟通，懂得尊重，共同创造一个和谐的工作氛围。

5.领导布置任务时，最好复述一遍加以确认

工作进行中要及时向领导汇报，完成后更要及时报告。尊敬上级，争取上级的帮助和支持。认清自己工作的位置和地位，尽可能地帮助上级排忧解难，识大体、顾大局。

6.对工作要有耐心、恒心和毅力，苦干要加巧干

历史上有这么一个故事：一天，孟浩然正在王维府上做客，皇帝突然造访。玄宗的造访对于科试屡屡失败却仍想求取功名的孟浩然来说，无疑是一个天赐良机。然而，面对机会，孟浩然却在第一时间选择了退避，躲到了床底下。可王维却不想让孟浩然失去这个千载难逢的机会，于是他“出卖”了孟浩然。孟浩然从床底下钻了出来，一脸尴尬地伏倒在地，拜见皇帝。那天，玄宗虽未责备，但对其第一印象多少还是打了些折扣的。好在玄宗也喜好诗歌，便说：“把你的诗拿出来给我们欣赏欣赏吧！”当时，孟浩然的诗在业界已得到公认，随便选一首，也能得到玄宗的青睐。可孟浩然却觉得自己有实力，没必要走这条捷径。于是，他一张口就蹦出一句令王维和玄宗都始料未及的诗句来：“北阙休上书，南山归蔽庐。”听了这样的诗句，试想哪个领导，谁会任用他呢？作为诗人，孟浩然早已名声在外，年轻的李白也对他推崇有加，然而，孟浩然却没有掌握好机会，因为不愿走捷径而失去了一次晋升的大好机会。

勤勤恳恳、埋头苦干的敬业精神值得提倡，但有时也要注意技巧，注意工作方法。同时还要能干会“道”。“道”就是让领导知道或感受到你付出的努力，让领导了解你的心愿与希望。要知道，领导是没必要也没那个义务，去花时间仔细探究那些细节的。

二、与平级相处的礼节

作为公务员，处理与平级同事之间的人际关系，不容有丝毫的忽略。与平级同事打交道时，机关公务员应对以下三点予以充分重视：要相互团结，不要制造分裂；要相互配合，不要彼此拆台；要相互勉励，不要讽刺挖苦。

1.学会做人，是做事的前提和根本

工作和做人处处是技巧。聪明的年轻人应该考虑先做人，后做事。工作能力当然重要，做人技巧同样不可或缺。更重要的是，做不好人，你就很可能没有事做；而做好了人，别人便可以帮助你完成一些非常困难的事。

2.同事之间要相互尊重

相互尊重是处理好任何一种人际关系的基础，同事之间也不例外。同事关

系不同于亲友关系，不是以亲情为纽带的社会关系，亲友之间一时的失礼，可以用亲情弥补，而同事之间的关系是以工作为纽带的，一旦失礼，创伤难以愈合。所以，处理好同事之间的关系，最重要的是彼此尊重。同事的困难，通常首先会向自己的亲友求助，但作为同事的你，应主动问讯，对对方的困难表示关心，对力所能及的事应尽力帮忙，这样，才能增进双方之间的感情，使关系更加融洽。

3.切忌在背后议论同事的隐私

每个人都有隐私，隐私与个人的名誉密切相关，背后议论他人的隐私，会损害他人的名誉，引起双方关系的紧张甚至恶化，因而是一种不光彩的、有害的行为。

4.对自己的失误或同事间的误会，应主动道歉说明

同事之间经常相处，一时的失误在所难免。如果出现了失误，应主动向对方道歉，征得对方的谅解，对双方的误会应主动向对方说明，不可小肚鸡肠，耿耿于怀。

5. 与同事交往，要互相留有空间

要学会与不同的人交往，对朋友的过分渴望，期望值太高，要求太高，往往不能与人久处。

不要把所有同事都当知己。虽然说彼此要以诚相待，但也不必把所有的话和所有的事都对同事说；同样也不能要求别人把所有的话都对你说，把所有的事都告诉你。与同事交往不宜过密，不可过于频繁，过于频繁双方都累，累则倦矣，不可久处。每个人都有自己相对独立的空间，别人不想让你知道的，自然有别人的道理。少说话，给人点神秘和新鲜感，也是使人久而敬之的一个好方法。

6.同事之间，物质上的往来应一清二楚

与同事相处，在物质上和精神上要互惠、互补，正所谓“来而不往非礼也”。总是一面倒，交往一时可以，一生则难。与同事交往，投桃报李是必须的。

同事之间可以相互借钱、借物或馈赠礼品，但不可马虎，每一项都应记得清楚明白，即使是小的款项，也应记在备忘录上，以提醒自己及时归还、回赠，以免遗忘，引起误会。向同事借钱、借物，应主动给对方打借条，以增强同事对自己的信任。有时，出借者也会主动要求借入者打借条，这并不过分，借入者应予以理解，如果所借钱物不能及时归还，应每隔一段时间向对方说明一下情况。在物质利益方面无论是有意还是无意，如果占了对方的便宜，都会使对方心里不快，降低自己在对方心目中的人格。

三、与下级相处的礼节

与下级进行交往时，公务员不可居高临下，虚张声势。处理好与下级之间的关系，机关公务员至少需要注意以下三个方面：要善于“礼贤下士”，尊重下级的人格；要善于体谅下级，重视双方的沟通；要善于关心下级，支持下级的工作。

领导与下属的交往也是有礼仪的。

1.尊重下属的人格

下属具有独立的人格，领导不能因为在工作中与下属是领导与服从的关系而损害下属的人格。

2.善于听取下属的意见和建议

领导者应当采取公开的、私下的、集体的、个别的等多种方式听取下属的意见，了解下属的愿望，这样既可提高领导的威信，又可防止干群关系的紧张。

3.宽待下属

领导应心胸开阔，对下属的失礼、失误应用宽容的胸怀对待，尽力帮助下属改正错误，而不是一味打击、处罚，更不能记恨在心，挟私报复。

4.培养领导的人格魅力

作为领导，除权力外，还应有自己的人格魅力，如良好的形象、丰富的知识、优秀的口才、平易近人的作风等，这些都是与领导的权力没有必然联系的自然影响力。在听取汇报时不应频繁看表或表现出不耐烦，更不要粗暴打断；同时还要阻止谣言或风言风语的传播，不要在人背后说长道短，更不要搬弄是非。上级同下级说话时，不宜作否定的表态，如："你们这是怎么搞的？""有你们这样做工作的吗？"在必须发表评论时，应当善于掌握分寸。点个头，摇个头都会被看做是上级的"指示"而被贯彻下去，所以，轻易的表态或过于绝对的评价都容易产生失误。

5.重视、提携有才干的下属

领导不可能在各方面都表现得出类拔萃，而下属在某些方面也可能会有某些过人之处。作为领导，对下属的长处应及时给以肯定和赞扬。在接待客人时，可将本单位的业务骨干介绍给客人；在一些集体活动中，可有意地突出某位有才能的下属的地位；节日期间到为单位做出了重大贡献的下属家里走访慰问等，都是尊重、提携下属的表现。这样做，可以进一步激发下属的工作积极性，更好地发挥他们的才干。

上级对下级表现出的礼节，不仅是对下级的尊重，也是在为自己赢得尊重。

第九章

细节决定成败

牛顿注意到苹果从树上掉下来这一细节，提出了万有引力定律。

弗莱明深入思考葡萄糖菌被污染这一细节，发明了青霉素。

阿基米德从洗澡水溢出澡盆这一细节获得灵感，发现了浮力定律。

沃尔玛公司坚持抓好“降低成本，为顾客省钱”的细节，发展为世界零售业巨子。

丰田汽车公司把精细化的生产管理落实到细节之中，创造了辉煌的业绩。

海尔公司始终坚持“精细化、零缺陷”的经营理念，使一个亏损企业发展成为世界家电巨头。

20世纪世界四位最伟大的建筑师之一——密斯·凡·德罗，在被要求用一句最概括的话来描述他成功的原因时，他只说了五个字：“魔鬼在细节。”他反复强调的是，不论你的建筑设计方案如何恢弘大气，假如你对细节的把握不到位，就不能完成一件好作品。

…… ……

无数事实证明，事业的成功源于“细节”。中国的先贤曾说过：“天下大事，必作于细。”现如今，“细”的工作作风是事业成功的必要条件。要提高解决问题的能力，发现问题的关键，必须坚持从细节入手。

第一节　从改变观念开始

当宝洁公司刚开始推出汰渍洗衣粉时，市场占有率和销售额以惊人的速度向上飙升，但是，过了不久，这种强劲的增长势头就逐渐放缓了。宝洁公司的销售人员特别纳闷，虽然进行过大量的市场调查，但一直都找不到销量停滞不前的原因。

于是，宝洁公司召开了一次产品座谈会，会上，有一位员工说出了汰渍洗衣粉销量下滑的关键——“汰渍洗衣粉的用量太大”。

宝洁公司的领导们急忙追问其中的缘由，这位员工说：“看看我们的广告，倒洗衣粉要倒那么长时间，衣服是洗得干净，但要用那么多洗衣粉，算计起来很不划算。”

听到这番话，销售经理立即把广告经理找来，算了一下展示产品部分中倒洗衣粉的时间，一共3秒钟；而其他品牌的洗衣粉广告中倒洗衣粉的时间仅仅1.5秒。

广告上这么细小的一点疏忽，对汰渍洗衣粉的销售和品牌形象造成了严重的伤害。在这个细节制胜的时代，只有做好每一个细节，才能脚踏实地地完成宏伟的目标。要做好每个细节，就必须注意如下几点：

1.要试着去真心真意地帮助别人，学会悄悄地为他人做点好事。当这一切完全出自你的意愿时，你将会感觉到这是件多么快乐的事，你的心灵就会得到回报——获得一种平和、安静、温暖的感受。

2.敬业精神+脚踏实地=成功。敬业，不仅仅是事业成功的保障，更是实现人生价值的手段。有的人在生活中，总是不满意目前的职业，希望改变自己的处境，但世界上绝对没有不劳而获的事情，人们的成功，无一不是按部就班、脚踏实地一步一步努力的结果。

3.我们必须相信自己，正视开端。任何大的成功，都是从小事一点一滴累积而来的。没有做不到的事，只有不肯做的人。想想你曾经历过的失败，当时的你，真的用尽全力、试过各种办法了吗？困难不会是成功的障碍，只有你自己，才可能是自己成功最大的绊脚石。

4.扎实的基础是成功的法宝。如果一味地追求高远的目标，丧失了眼前可以成功的机会，就会成为高远目标的牺牲品。当今有许多年轻人，不满意现在的工作，羡慕处于高位的人，不安心本职工作，总是想跳槽。其实，如果没有十分的本领，就不应有妄想。我们需要多向成功之人学习，脚踏实地，做好基础工作，一步一个脚印地走上成功之路。

5.只有实干，才能脱颖而出。那些充满乐观精神、积极向上的人，总有一股使不完的劲，神情专注，心情愉快，并且主动找事做，在实干中实现自己的理想。

6.用心做事，尽职尽责。以积极主动的心态对待你的工作、你的单位，你就会充满活力，就能创造性地完成工作，你就会成为一个值得信赖的人，一个领导乐于雇用的人，一个拥有自身价值的人。

其实我们自己对待小事，也要倾注全部热情。倾注全部热情对待每件小事，不去计较它是多么的“微不足道”，你就会发现，原来平凡的生活竟是如此的充实和美好。

第二节　忽视细节的代价

在环环相扣的工作过程中，一处似乎可有可无的细节，一件看起来微不足道的小事，或者一个毫不起眼的变化，往往可以决定工作的进展状况，甚至改变你的职业前途。

一、案例剖析

当巴西海顺远洋运输公司派出的救援船到达出事地点时，“环大西洋”

号海轮消失了，21名船员不见了，海面上只有一个救生电台有节奏地发着求救的摩斯码。救援人员看着平静的大海发呆，谁也想不明白在这个海况极好的地方到底发生了什么，从而导致了这条最先进的船的沉没。这时有人发现电台下面绑着一个密封的瓶子，打开瓶子，里面有一张纸条，21种笔迹，上面这样写着：

一水理查德：3月21日，我在奥克兰港私自买了一个台灯，想给妻子写信时照明用。

二副瑟曼：我看见理查德拿着台灯回船，说了句“这个台灯底座轻，船晃时别让它倒下来”，但没有干涉。

三副帕蒂：3月21日下午，船离港，我发现救生筏施放器有问题，就将救生筏绑在架子上。

二水戴维斯：离港检查时，发现水手区的闭门器损坏，用铁丝将门绑牢。

二管轮安特耳：我检查消防设施时，发现水手区的消防栓锈蚀，心想还有几天就到码头了，到时候再换。

船长麦凯姆：起航时，工作繁忙，没有看甲板部和轮机部的安全检查报告。

机匠丹尼尔：3月23日上午，理查德和苏勒的房间消防探头连续报警。我和瓦尔特进去后，未发现火苗，判定探头误报警，拆掉交给惠特曼，要求换新的。

机匠瓦尔特：我就是瓦尔特。

大管轮惠特曼：我说正忙着，等一会儿拿给你们。

服务生斯科尼：3月23日13点，到理查德房间找他，他不在，坐了一会儿，随手开了他的台灯。

大副克姆普：3月23日13点半，带苏勒和理查德进行安全巡视，没有进理查德和苏勒的房间，说了句“你们的房间自己进去看看”。

一水苏勒：我笑了笑，也没有进房间，跟在克姆普后面。

一水理查德：我也没有进房间，跟在苏勒后面。

机电长科恩：3月23日14点，我发现跳闸了，因为这是以前也出现过的现象，我没多想，就将闸合上，没有查明原因。

三管轮马辛：我感到空气不好，先打电话到厨房，证明没有问题后，又让机舱打开通风阀。

大厨史若：我接马辛电话时，开玩笑说：“我们在这里能有什么问题？你还不来帮我们做饭？”然后问乌苏拉：“我们这里都安全吧？”

二厨乌苏拉：我回答：“我也感觉空气不好，但觉得我们这里很安全。”就继续做饭。

机匠努波：我接到马辛电话后，打开了通风阀。

管事戴思蒙：14点半，我召集所有不在岗位的人到厨房帮忙做饭，晚上会餐。

医生莫里斯：我没有巡诊。

电工荷尔因：晚上我值班时跑进了餐厅。

最后是船长麦凯姆写的话：19点半发现火灾时，理查德和苏勒房间已经烧穿，一切糟糕透了，我们没有办法控制火情，而且火越来越大，直到整条船上都是火。我们每个人都犯了一点错误，但酿成了船毁人亡的大错。

一个大的悲剧，只因21个人在本职工作中对21个小“细节”的疏忽。单纯地看，这21个人每人都只错了一点点，但却造成了“万劫不复”的严重后果。

二、摆脱“小事无所谓”的恶习

对工作中的任何小事及细节，绝不能采取敷衍应付或轻视懈怠的态度，这样才能从根本上防止和避免危害与损失的产生。否则，如果始终不拘“小节”，不屑抓细节，因小“疵”而掩了大“玉”，毁了自己的声誉和前程不说，还会给国家和社会带来危害。

要想摆脱对小事无所谓的恶习，你必须做好以下几点：

1.在接到一项任务时，对其中的各种细节都不要产生轻视的心理，要把它看成一件重要的大事。只有这样，你才会真正重视它，并开动脑筋、发挥潜力做好它。实际上，要做到这一点并不容易，你需要时时提醒自己：“别看它不起眼，但对整项任务能否顺利完成却起着至关重要的作用。只有做好它，我才能高质量地完成任务。”

2.工作时一定要认真、细心，不要以为是平凡的小事，就敷衍了事地应付。你应该像做重要的事一样认真对待，处理好每一个细节，一丝不苟地去完成它。这样，才能借助“平凡小事”的力量推进工作进度，做出不平凡的业绩。

3.做得“完美”时要让周围的人知道。不论你所负责的工作多么平凡、多么不起眼，假如你细心工作，发挥你的聪明才智，就可能做出让周围人惊讶的成绩来。比如，你想出了一个好的创意，有利于提高工作成就；再如，你创造出一套行之有效的好方法，能提高工作效率，或者提高工作质量。这些好的创意和想法对于你更好地完成更富挑战性的工作是非常有利的，同时它也为你提供了一个成功的契机。许多人在得到这些“馈赠”和“回报”时，习惯于藏起来自己独享，实际上，这种行为并不可取。这个时候，你最好让周围的人知道，切忌保密。与人分享成果有利于赢得别人的好感，提高你的人脉指数，而良好的人际关系则会使你的工作速度和工作质量得到进一步提高；同时也有助于上司发现你的能力，使你早日获得晋升的机会；而且这样做还有助于提升整个团队的工作效率。

总而言之，一个人能否取得卓越的成就，取决于他能否将那些再平凡不过的小事做好。因此在工作中，哪怕事情微不足道，你也要认认真真地把它做好：能完成100%，就绝不只做99%。

工作之中无小事，不要小看小事，不要讨厌小事，只要有益于自己的事业，不管做什么事情，我们都应该全力以赴。细微之处见精神。有做小事的精神，才能培养出做大事的气魄。

第三节 从小事做起

古人曾说："勿以善小而不为，勿以恶小而为之。"我们所做的工作，都是由一件件小事构成的，因此每个人都不应对工作中的小事轻视懈怠或敷衍应付。

有时，一件看起来微不足道的小事，或者是一个毫不起眼的变化，却能改变你在职场上的胜负。

一、见微知著，察人于细的管理手段

鲁国大夫郈成子奉命出访晋国。途经卫国时，卫国大夫右宰谷臣设宴热情地款待他。席间，歌舞翩翩，但右宰却闷闷不乐，酒过三巡，右宰以玉璧相赠。郈成子访问回来途经卫国，却未去拜访右宰谷臣，而是径自直接回鲁国。车夫很奇怪地问："先生您上次经过卫时，右宰先生非常热情地宴请您，现在咱们经过卫国，按礼应去拜问一下，您却径自回来，这是为什么呢？"郈成子说："上次他宴请我，是想和我一起高兴高兴；歌舞在旁而闷闷不乐，是向我表示他忧心忡忡；席间送我玉璧只是暂时寄存于我而已。由此看来，估计卫国有什么危险要发生了吧？"离开卫境30里，就听说大臣宁喜发动政变，右宰在政变中被杀。于是郈成子驾车而回，祭奠完右宰才回去。

回到鲁国，郈成子命人把右宰的妻儿接来，安置在自己家中，供给衣食，视如自己家人一样。等到右宰的孩子长大后，郈成子就把其父所赠玉璧返还给了他儿子。

一个细心聪明的人总是可以通过一些不易察觉的征兆而推测将有可能发生的事情，能够做到这点可以避免自己被人蒙在鼓里，或者采取行动帮助朋友摆脱困境，或者早点抽身避免被卷入漩涡。但也不能过分执着于此，否则总是会疑心重重，更有可能判断错误，聪明反被聪明误。

1.见微知著引申到现代的企业管理上，就是要注意细节。海尔的管理层常说一句话："要让时针走得准，必须控制好秒针的运行。"这句话说明细节管理的重要性。只注重大的方面，而忽视小的环节，最后的结果就是"千里之堤，溃于蚁穴"。海尔能够成为世界知名的国际品牌，就是因为其企业管理从未放弃过小的细节——细致到工厂的一块玻璃、一棵树木。

2.与见微知著相联系的是一种传统的观人法+相处观察法。相处观察是常用的知人方法。20世纪20年代，英国首相艾登与斯里兰卡总理班达拉奈克同在牛津大学读书，当时他们都是20多岁的青年。通过相处，艾登深知班达拉奈克的德才，他曾对同学说，班达拉奈克一定是斯里兰卡未来的总理。35年后，艾登的预言成为现实，班达拉奈克成了自己祖国独立后的第一任总理。

3.相处观察法要求知人者具有眼力，善于见微知著，从行为现象看到人的本质特征。据说法国一位银行家，年轻时因无工作曾多次去找银行董事长，去过51次，都被拒绝。第52次又被拒绝，他失魂落魄地走出银行大门时，见地上有一枚大头针，他觉得如果有人被扎伤就不好了，就俯身拾了起来。这事正好被董事长看见。董事长认为，如此小心的人很适合当银行职员，就决定雇用他。

4.通过相处观察知人，还要善于从具体情境中发现人的才干，看到人的特长。唐朝韩晃在朝廷当官后，一个亲友远道而来，想找他谋个事。韩晃当面对他考核了一番，结果很失望，这位亲友一无所长。韩晃打算送些盘缠让他回去。在送行的宴席上，韩晃却发现他不卑不亢，品行端正，觉得这也是一个难得的优点。于是把他留下，派他去监管军队的仓库。这个人上任后，严明条律，以身作则，再也没人敢随便到仓库去捞取公物了。

5.相处观察法是传统的知人方法，由于时间和空间的限制，它的作用受到了一定的局限。这种传统方法发展到今天，必须引进和结合一些现代知人、识人的手段和技术，以突破自身的局限。

工作是否单调乏味，往往取决于我们做它时的心境。每一件事我们都应该用心去做。因为只有用心才能见微知著。成功者的共同特点，就是能做小事情，能够抓住每一个小细节。

二、“大处着眼，小处着手”的原则

工作中我们应该牢牢记住“大处着眼，小处着手”的原则。尽管我们看问题必须站得高、看得远，但现实中的工作都是由一件件的小事情组成的，只有把一点一滴都做好了，才有可能成就大事业。

一天，美国福特公司客服部收到一封客户抱怨信，上面是这样写的：“我们家有一个传统的习惯，就是我们每天在吃完晚餐后，都会以冰激凌来当我们的饭后甜点。但自从最近我买了一部你们的车后，在我去买冰淇淋的这段路程上，问题就发生了。每当我买的冰淇淋是香草口味时，我从店里出来车子就发动不了。但如果我买的是其他的口味，车子发动就顺利得很。为什么？”

于是，客服部派出一位工程师去查看究竟。当工程师去找写信的人时，对方刚好用完晚餐，准备去买当天的冰淇淋。于是，工程师便跟随他去了。结果，买好香草冰淇淋回到车上后，车子果然又不能发动了。

这位工程师之后又依约来了三个晚上。第一晚，巧克力冰淇淋，车子没事。第二晚，草莓冰淇淋，车子也没事。第三晚，香草冰淇淋，车子发动不了。……

这到底是怎么回事？工程师思考了好多天，依然没有找到解决的办法。工程师有点气馁，不知是不是该放弃，然后接受退车的现实。

神圣的职业使命感使工程师冷静了下来，他开始研究种种详细资料，如时间、车子使用油的种类、车子开出及开回的时间等，不久，工程师发现，买香草冰淇淋所花的时间比其他口味的要少。因为，香草冰淇淋是所有冰淇淋中最畅销的口味，店家为了让顾客每次都能很快地拿取，将香草口味特别分开陈列在单独的冰柜，并将冰柜放置在店的前端。

现在，工程师的疑问是，为什么当这部车从熄火到重新激活的时间较短时就会发不动？这绝对不是因为香草冰淇淋的关系。工程师的脑海中很快地浮现出答案：应该是“蒸汽锁”在作祟。买其他口味的冰淇淋由于花费时间较多，引擎有足够的时间散热，重新发动时就没有太大的问题。但是买香草口味的冰淇淋时，由于时间较短，引擎太热，以至于“蒸汽锁”没有足够的散热时间。

在这个事件中，购买香草冰淇淋虽然与发动机熄火并没有直接的联系，但购买香草冰淇淋确实和汽车故障存在着逻辑关系。问题的症结在一个小小的“蒸汽锁”上，这是一个很小的细节，但这个细节被细心的工程师发现，从而让他找到了解决问题的关键。这件事告诉我们，凡事必须要从细节入手。

第四节　培养注重细节的习惯

尽管“千里之堤，溃于蚁穴”“天下难事，必成于易；天下大事，必作于细”之类的道理，人们已是耳熟能详，对细节的重要性也有非常深刻的认识，然而真正能够做到的人却不多。

培养注重细节的习惯，是个人与企业共同发展的必然要求，我们可以从以下几方面去培养：

一、重在坚持

细节是一种思维与行动意识的高效组合。谁都想做好每件事，但有的人就是做不好，一件事不是这里出错就是那里出错。我们不能说他们不努力，但问题就是发生了，这个原因就是他们没有坚持细节习惯的培养：一段时间做到了认真执着，一段时间又懒散松懈，做事有头无尾，总是半途而废。

培养习惯是经过“曲不离口，拳不离手”，经过“韦编三绝”，最终实现“百炼成钢”的一个过程。每一个成功者所具备的成功品质与能力，都是由无数个细节习惯的积累而成的。因此，一旦养成良好的细节习惯，就不会再被刻意坚持好习惯与纠正坏习惯的矛盾心情所累，相反，那种水到渠成、收放自如的自控能力会让你于轻轻松松中胜人一筹。

二、改变观念

不注重细节的人，在日常工作中往往对其他注重细节的人和事也不会正确对待。他们会给精打细算的人冠以“斤斤计较、小家子气”的称谓，对善意的提醒会恶言相加，对关系自己生命安全的问题常抱有侥幸心理，这都是主观上未对细节加以重视的行为体现。只有在思想上对细节足够重视了，才能对自己的行为严格要求。因此，要成为优秀的员工，首先要改变旧观念，形成细节决定成败的理念。

三、从点滴小事做起

细节存在于我们身边的每一件小事之中。严格遵守工作时间，上班不要迟到，下班不早退，不因私事影响工作，良好的工作态度是细节；节约一滴水、一张纸、一度电，养成随手关灯、关门窗的习惯是细节；所出具的数据、撰写的文章、产品的工艺指标都做到没有差错是细节；对经手的事，从时间、地点的确定，到准备什么、如何应对都有全盘考虑是细节；生活中对同事、朋友的一句问候、一声劝勉，别人累时送上一把椅子，渴时递上一杯水是细节；生产中减少跑、冒、滴、漏，实现安全无事故、设备无故障、装置长周期运行是细节；对每一个工艺指标的变化，每一台设备的维护及运行情况都做到心中有数，也是细节。当养成关注细节的习惯后，你就会发现，无论待人接物，还是工作进展，都会顺手许多，效率也会大大提高。

四、培养自我控制的能力

每个人都兼具感性与理性，对大小琐事都想用理智作衡量是不可能的，而且大部分行为都是以感情为出发点的，这是人性真实的一面。因为别人的一句话，便耿耿于怀，动辄勃然大怒，根本无法自我控制，等到情绪过后，才来懊悔当初，这是一般人的通病。因这一方面致命的弱点或缺陷而归于失败的人不在少数。

这样的人，一定要培养自我控制的能力，克服浮躁的情绪。要经常想到自己的弱点、自己的不足，既要自我崇尚、有信心，更要自我检查、随时修正，不断地自我完善、自我提高。只有能自我克制的人，才能不为外界环境所左右，静下心来的时候才能做好各种细微小事。

五、对自己一定要“苛刻”

养成任何好习惯，都要从严要求自己。每天做好工作计划，准备好备忘录，事无巨细一件一件地完成。正如人们所说的，完成一件小事比计划中的大事更有效。

对上级下达的工作任务，要争取每一件事情都做到位，不能敷衍了事。只有在一系列细枝末节上对自己严格要求，才能在不知不觉中让一直困扰自己的粗心大意的毛病销声匿迹。

六、训练集中注意力的能力

一个人想同时追两只兔子，最后只会一无所获。有道是“十年磨一剑”，中国古代的铸剑师为了铸成一把好剑，必须在深山中潜心打造十几年。可见，专注才能够保证工作效率的最大发挥。你必须远离那些使你分散注意力的事情，然后集中精力选准主攻目标，专心致志地做好每一件小事，这样才可能取得成功。

工作中的任何一件小事都将决定你的成败。因此，每一件看起来似乎微不足道的事，都需要员工全力以赴地、用心地去对待，这不仅是工作的原则，也是人生的原则。

第十章

善于学习

有人说21世纪是一个属于科技的世纪，有人说21世纪是一个属于知识经济的世纪，还有人说21世纪是一个属于中国的世纪。我们要说：21世纪是一个属于学习的世纪。人不是地球所有生命中适应能力最强的，但人却成了地球上生命力最强大的动物。人类统治了这个世界，这是因为人类具有强大的学习能力。学习造就了人类，学习是人类之所以成为“人类”的根本。

在今天，全世界在10年里所产生的新知识就是人类历史的所有知识总和；在今天，你的全部知识在5年后就会过时；在今天，要想不落伍，要想不被竞争淘汰，学习是我们唯一的选择。1984年，美国著名管理学家派瑞曼说过：“到下世纪初，美国将有3/4的工作是创造和处理知识。知识工作者将意识到：持续不断的学习不仅是你得到工作的先决条件，而且是一种主要的工作方式。学习不再是在教室里或者上岗前的孤立的活动，人们不必撇开工作专门抽出时间来学习，相反，学习就是工作的核心，学习与效率是同义词。一句话，学习将是劳动的新形式。”

第一节　善于学习的内涵

“未来属于善于学习的人，而不仅仅属于努力工作的人。”这句话已经成为很多人的座右铭。但其中“善于学习”这四个字看上去很普通，却有很深的内涵。

一、善于学习，就是学会学习

学会学习既包括向书本学习，向老师学习，向专家学习，向网络学习，向前辈学习，向同行学习，也包括向学生学习，向社会学习，向实践学习，向生活学习。学而思之，学而用之，学而知之。

二、善于学习，让学习成为乐趣

孔子曰："知之者不如好之者，好之者不如乐之者。"兴趣能让人调动更多的精力学习，乐趣是学习的可持续动力。但现实中我们面对的很多学习内容不是自己所感兴趣的。在这种情况下，我们需要从枯燥的内容里挖掘出自己喜欢的东西，逐渐培养自己的学习兴趣，学通了，有成就感了，兴趣就会变成乐趣了。还有些人想学，但学不进去，是因为自己并不知道为什么而学。只有带着问题学，学了能解决问题，才能找到学习的乐趣。培养学习乐趣，就要找准学习与工作，学习与生活的结合点，让学习成为提高工作能力和提升生活品质的手段。这样，学习本身就成了一种乐趣、一种享受了。

三、善于学习，让学习成为习惯

著名教育专家叶圣陶说："凡是好的态度和好的方法，都要使它化成习惯。只有熟练成了习惯，好的态度和方法才能随时随地表现。"许多人对学习往往是三四天的热情，时间一长就坚持不下去了。这与其说是缺少恒心，不如说是没有养成学习习惯。养成良好的学习习惯是一个长期努力、坚持不懈的过程，也是磨炼意志、性格、品质的过程。现在我们养习惯，将来习惯养我们。很多哲人说，开卷有益，坚持数年必有好处。我说：天天开卷，坚持一生，更有好处。坚持一个行动，定能收获一种习惯；养成一种习惯，定能收获一种命运。养成良好的学习习惯，是好运的开始，也是步入成功之路的开始。

四、善于学习，要学会取舍

生命是有限的，知识是无限的。面对知识爆炸、信息泛滥的时代，即使是诸葛亮再世，也难以应对。那如何是好呢？唯一的办法就是用取舍的智慧来应对。"任凭弱水三千，我只取其一瓢饮！"人生之道，贵在取舍。取，并不是非要我们事事精通，无所不能；舍，也并不是要我们自暴自弃，无所事事。做一个拿得起放得下的人，追求自己想要的东西，不被一些过眼云烟所迷惑。学会取舍，才会懂得专注。只有专注，才会像克利夫顿·费迪曼在《一生的读书计划》中所说的那样："这些著作（指他推荐的书）应该一读再读，25岁读柏拉图跟45岁时读柏拉图的感受是不同的。"这种不同，是专注学习的升华。希望我们也能不断发现和感受这种不同。只有专注，才能学有所成，只有专注才能干大事情。

第二节 学习知识

美国未来学家阿尔文·托夫勒说："未来的文盲不是不识字的人，而是没有学会怎样学习的人。"在构成现代人才体系的学习能力、思维能力和创新能力这三大能力中，善于学习无疑又是最基本、最重要的第一能力。没有善于学习的能力，其他能力也就不可能存在。因此，抓人才最根本的就是抓学习，抓学习最重要的就是提高善于学习的能力。

提高学习知识的能力，应该从以下几方面入手：

一、提高注意力

学习中的注意力，就是能够长时间地把意志和精力专注到学习上的能力。注意力集中的程度决定着学习的深度和广度。

提高注意力，首先要力戒浮躁。心浮气躁是学习的大敌。才须学，学须静，宁静才能致远。解决这个问题，要淡泊名利，剔除杂念，专心务学，坐得住冷板凳，耐得住寂寞。其次要善于排除干扰，尽可能减少应酬。一个人的精力是有限的，在其他地方用的心思多了，就很难把精力集中到学习上。第三，要提高处理日常事务性工作的效率，多挤出时间和精力去学习。

二、提高吸纳力

吸纳力，就是广泛、及时地运用多种方式和手段吸纳知识的能力。要适应现代社会信息传播速度快、渠道广的特点，借助现代传媒、现代科技等手段，善于立体地、全方位地、多渠道地学习。

吸纳离不开积累。著名科学家华罗庚讲过一句话："天才在于勤奋，聪明在于积累。"只有不断地积累知识，不断地更新知识储备，才能更丰富、更有效地吸纳知识。

有一句名言叫"机遇偏爱有准备的头脑"。什么是有准备的头脑？我认为就是善于学习、善于思考和善于积累的头脑。能否抓住机遇，关键在于他自身的积累、准备和能力。只有充分积累和准备，才能在机遇到来时发现机遇、抓住机遇。所以讲，机遇可贵，积累更可贵。我们应坚持积累第一、机遇第二的观点，用扎实丰厚的积累去把握机遇、创造机遇。

三、提高观察力

在我们面前有两本书，一本是有字的书，一本是无字的书，即社会、人生。这两本书都要学，我们既要从书本中获取知识，又要注重实践，通过丰富多彩的社会实践获得真知灼见。现代社会中，新思想、新观念、新事物层出不穷，只要留意观察、留心学习，就会学到许多书本上学不到的东西。

提高观察力，首先，要用心。在日常工作和生活中要做一个有心人，善于眼观六路、耳听八方，用心观察和揣摸每一条有价值的信息。其次，要细心。只有做到心细如丝，才能敏感地把握情况的发展变化，发现别人发现不了的问题，得到更多的教益和收获。再次，要虚心。"泰山不让土壤，故能成其大；河海不择细流，故能就其深。"三人行，必有我师。一个单位就是一个知识场，一个领导可能就是一个好的导师。要甘当学生，把上级、同级、下级，都看做是老师，虚心向他们学习，不断丰富、提高自己。

四、提高思考力

巴尔扎克说过："一个能思考的人，才是一个力量无穷的人。"学习是汲取知识、充实自己的根本途径；思考是领会精神实质、把握精髓和真谛的关键环节。学习的目的全在于应用，而思考是学习与应用的桥梁和纽带。只有善于思考，才能达到学用结合、学用相长的目的。

思考的一个重要特征就是长于疑、善于问。爱因斯坦说过："提出一个问题，往往比解决一个问题更重要。”我国古人也说过：“学贵知疑，小疑则小进，大疑则大进。疑者觉悟之机也。一番觉悟，一番长进。”因此，在学习中不要迷信和盲从，要敢于质疑，敢于否定，敢于多问几个为什么。脑子里要多装几个问题，带着这些问题边学边思考，形成自己的独到见解。

提高思考力，当前还要注意防止和克服“浅阅读”的现象。所谓“浅阅读”，主要表现在许多人喜欢读不动脑子的休闲书。读书可用为休闲，但决不应止于休闲，看点适合自己口味的书是可以的，但寻找精神食粮，提高思想境界，应该多读一些经典名著和思想、理论、知识深刻丰富的书籍。

五、提高创造力

这里说的是学习上的创造力，实质上就是理论联系实际的能力，也就是丰富知识、创新思维、解决问题、指导实践的能力。

提高创造力，一方面要通过学习创新知识、发展理论。它要求在学习中，对理论和知识一定要深钻细研，善于进行问题性学习、研究性学习、批判性学习，经过自己的领悟、归纳、提炼、升华，做到融会贯通、综合运用、举一反三，形成新的知识、新的思想、新的理论。另一方面，要通过学习创新思路、指导实践、发展实践。这是学习的最高境界。它要求在学习中，一定要紧密联系实际，特别要联系当前市场经济条件下出现的新情况、新问题，通过深入研究思考，探索解决问题的新办法和新思路，并运用到实践中，以学习的创新推动工作的创新发展。

六、提高探索力

善于学习，必须科学探索学习的规律性和内在要求，在方法上进行一次革命，以精进学习效益。“不善学，虽勤而功半”，“善学者，师逸而功倍”。

其实，人的一生就是一个不断学习的过程。即使你没有意识到，你也一直是在生活中、在工作中学习。但这种被动的学习效果肯定不会明显。如果你自己有这方面的意识，激发自己的潜能，不断地主动学习，就能一直保持强大的竞争力。

第三节 学会做人

每一个人生活在现实社会中，都渴望着成功。很多有志之士为了心中的梦想，付出了很多，然而得到的却很少，这个问题不能不引起人们的深思。

一个人不管有多聪明，多能干，背景条件有多好，如果不懂得如何去做人、做事，那么他最终肯定会失败。

一、学会做人的基本要求

美国首位华裔市长黄锦波博士曾寄语中国大学生：千学万学先学会怎样做人。一个人在学业或者事业上的缺陷，并不一定会影响他的一生，但是在人格、道德、做人上的缺陷，却可能会贻害他的终身。

学会做人，应从以下几点基本要求开始。

1.要有目标和追求

人不能没有目标，如果没有目标，会活得很无聊，没有追求。那我们应该追求些什么呢？这可以分为正道和邪道，如果你追求正道，你是心安理得的；如果你追求邪道，或许会有一时之快乐，但绝对没有长远的安宁。所以追求正道、正见、法律所允许的，这样做人才能洒脱。当然，你也可以有信仰，有了信仰，人生意义也会有所不同。坚持信仰，追求正道总比追求物质来得开心快乐!

2.要经常保持微笑

微笑很容易，保持微笑也不难，难就难在要经常保持微笑。其实这背后的意义就是你需要保持好的心态，因为如果没有好的心态，是不可能经常保持微笑的。当你对别人笑的时候，请坚信别人也将对你微笑，即便不马上对你微笑，他始终会有一天向你微笑的。

3.要学会分享喜悦

分享是非常重要的。当人变得自私的时候，伴随他的肯定只有痛苦；而如果愿意分享，那么快乐将永远伴随。当你感到喜悦的时候，应该与别人一起分享，这样你的喜悦将会成倍增长。

4.要乐于助人

助人为快乐之本。只有帮助别人，才能真正感受到快乐。如果事事为自己，你最终会发现，并不是任何事情你都能左右，任何你曾得到的东西，最终都会失去，你会变的患得患失。既然是这样，何不专注于帮助别人，让助人成为你的快乐之源？

5.要学会宽恕他人

当别人犯错误的时候，请你想一下自己有没有犯过同样的错误。宽恕别人，实际上是帮助自己，让自己更快乐。

6.要保持健康的爱好

在人类社会中，容易让你沉迷的，往往都是不健康的。健康可贵，让你沉迷的都只是短暂的，并不能给你带来长久的快乐。要学会克制欲望，保持健康的爱好。

二、立身处世的基本要诀

1.“谦”字诀。处世唯“谦”字了得，若一味狂妄自负、骄傲自大，只会失去处世的根本，落得个孤苦伶仃、茕茕孑立的下场。

2.“淡”字诀。为人处世，交朋待友，对势利繁华，不必过于苛求，当以“淡”字当头。看淡些，看开些，人生也就豁然开朗，有滋有味了。

3.“俭”字诀。不懂得“俭”字的人，不知道如何成功，任何成功的事业都在于点滴的积累；不懂得“俭”字的人，只会丧失成功，过分的骄奢多败人品质。“俭以养德”，为人做事之良训。

4.“自”字诀。做一个有个性的人，给自己一点自信。成功的道路靠自己闯，美好的前途来自于自强自立，不屈服于任何权威，用自我的努力找到属于你的自尊。男儿立世，自己拍板！

5.“礼”字诀。我们生在礼仪之邦，就应该做一个彬彬有礼之人。有礼之人会做人，有人缘，多朋友。有礼之人会做事，注重形象，有教养，不树敌，成功路上事事顺。

6.“正”字诀。做一个正直的人，做一个人格健全完善的人，受人尊敬。做一个自私的人，做欺心的事，妒贤嫉能，与成功无缘。

三、品格修养的基本要诀

1.“志”字诀。给自己一根足够长的杠杆，希望转动地球。给自己的人生立个志愿，树个目标，树个偶像，脚踏实地。成功的意识需要培养，先立志，再与成功约会。

2.“时”字诀。做人要惜时，做事要守时。合理安排自己的时间，有效利用自己的时间，守时，惜时，不拖延。切记“时间就是金钱”。

3.“勤”字诀。多一些努力，便多一些成功的机会。无数事实证明：成功的最短途径是勤奋。不要光耍嘴皮子，不要好逸恶劳。要记住，天道酬勤。

4.“实”字诀。踏踏实实做人，实实在在办事。任何一个双手插在口袋里的人，都爬不上成功的梯子。给别人留下一个实在的形象，就给自己的成功夯实了基础。从实际出发，对自己负责。

5.“专”字诀。有专才有恒，有恒才有我。生活在这样一个知识大爆炸的时代，如果你是一个天才，不专心就成了你的不幸；如果你资质平凡，请不要悲观，只要你下定决心一辈子做好一件事，你就能成功。年轻人，千万别给人留下一个朝三暮四的形象。

6.“慎”字诀。人生漫长，又短暂，关键的就几步。在职场中，利益多多，诱惑多多，凡事应三思，不怕一万，就怕万一。一旦伸错手，入错行，做错事，于名誉，于事业，于形象皆有不救之危，务必“慎”之！

四、自我提升的基本要诀

1.“硬”字诀。做人难，做事难，面对千难万阻，要提升自我，不来点“硬”的怎么行？如果事有勉强，应该敢于说“不”；如果是正当利益，则应当仁不让；甚至，还要有“脸皮厚”的时候，也要有“头皮硬”的时候。

2.“底”字诀。一家海鲜连锁餐厅的老板很可能当初是水产市场练摊儿的，而一家皮鞋连锁店的老板当初也可能是擦鞋的。欲做大事，赚大钱，必先做小事，赚小钱，放下架子，从底处入手，先扫一屋，再扫天下！

3.“锐”字诀。小小麻雀，飞飞跳跳，争分夺秒，不停地寻觅食物。人生亦如此，面对残酷竞争，唯有锐意进取，做一个好先锋，把下一个进球当目标，敢于冒险，敢于闯荡，才能提高成功的几率，因为守株而能待到兔的概率毕竟很小。

4.“创”字诀。提升自我，就要有胆识去超越自我。何谓超越？超越就是第一个吃螃蟹，就是创新。创新也意味着冒险，所谓富贵险中求。想人家想不到的，做别人不敢做的，敢为天下先，及时转换思维。

5.“通”字诀。穷则思变，变则通。识时务者为俊杰，通机变者为英豪。通往成功的道路不是一条，又何必在一棵树上吊死呢？东方不亮西方亮，不管它是黑猫白猫，抓到“耗子”才是好猫。

6.“言”字诀。古往今来，不知有多少人，凭着三寸不烂之舌，改变了自己平凡的命运。说话幽默，乐于赞扬，善于推荐……学会一个“言”字，一生受用。

五、人际交往的基本要诀

1.“宽”字诀。人际互动，应着眼于未来，不念旧恶。原谅别人，是对待自己的最好方式——为你的仇敌而怒火中烧，烧伤的是你自己。做人做事，心胸不可太狭隘。海纳百川，靠的是一颗宽容的心！

2.“和”字诀。在人海中，如果我们不想孤立，就得学会如何与人相处。林子大了，什么鸟都有，我们不要求你喜欢所有的人，但最好能和大多数人和谐相处。以和为贵，就是要互相留台阶，大家给面子。

3.“信”字诀。有多少人信任你，你就拥有多少次成功的机会。“信”是什么东西？信是一种人格的力量，是超越金钱的友情，是了解，是欣赏。所以，言必行，行必果，能帮忙就帮，但千万不要轻易许诺。

4.“帮”字诀。“好风凭借力，送我上青天。”人际交往，互利互惠。帮助别人，就是在自己的人情信用卡上储蓄。在人患难之际施以援手，救英雄于困顿之际，都是在为自己以后的成功做铺垫。

5.“敬”字诀。人要脸，树要皮。人生活在社会中，要扮演各种各样的角色。在相互的交往中，每个人都需要一定的尊严来支撑，这是人性的弱点。明白了这点，才能体会到“敬”字的必要性。

6.“交”字诀。人情冷暖、世态炎凉，平常朋友平常过。交朋接友，不可急功近利，友情投资，宜走长线，拜拜冷庙，烧烧冷灶，平时多烧香，哪怕是只言片语的问候，亦是交友之道。

第十一章

做事要懂规矩

“没有规矩，不成方圆”是人们比较熟悉的一句贤文，出自《孟子·离娄上》。原意是说如果没有规和矩，就无法制作出方形和圆形的物品，后来引申为行为举止的标准和规则。这句贤文旨在教育人们：做人要遵纪守法。

第一节 关于守规矩的几则案例

案例一：周亚夫严守军纪

周亚夫是汉朝战功卓著的将军，以英勇善战、严守军纪著称。有一次，汉文帝要亲自犒劳军队，先到达驻扎在灞上和棘门的军营，文帝一行直接进入营寨，将军和他们的部下都骑马前来迎送。

接着文帝到达细柳的军营，那里驻扎着周亚夫的军队。只见细柳营的将士们都身披铠甲，手执锋利的武器，拿着张满的弓弩。文帝的先驱队伍到了，想直接进去，营门口的卫兵不让。先驱说：“天子马上就要到了！”把守营门的军门都尉说：“将军有令：‘军队里只听将军的号令，不听其他指令。’”

过了一会儿，文帝也到了，仍然不能进入军营。于是文帝便派使者持符节诏告将军：“我想进入军营慰劳军队。”周亚夫这才传达命令说：“打开军营大门。”守卫军营大门的军官对文帝一行人说：“将军有规定：在军营内不许策马奔驰。”于是文帝等人就拉着缰绳缓缓前行。

一进军营，周亚夫手执兵器对文帝拱手作揖说：“穿着盔甲的武士不能够下拜，请允许我以军礼参见陛下。”文帝被他感动，表情变得庄重，手扶车前的横木，说：“皇帝敬劳将军！”完成仪式后才离去。

出了营门，群臣都表示惊讶。文帝说：“唉，这才是真正的将军！前面所慰劳的灞上和棘门的军队，就像儿戏一般，那些将军很容易被人用偷袭的办法将他们俘虏；至于周亚夫，谁能够冒犯他呢？”说罢，文帝仍然不停地称赞周亚夫，并传令重赏。

案例二：曹操割发代首

曹操是三国时期伟大的政治家和军事家，他的许多故事为后人所熟悉，其中有一则割发代首的故事，今天读来仍然很有意义。

东汉末年，军阀混战，弄得民不聊生，怨声载道。曹操非常清楚赢得民心的重要性，因此对军队的纪律非常重视，三令五申地要求军队必须遵章守纪。针对有些士兵行军作战时不注意保护群众利益的现象，曹操特意制定了严格而具体的法令，比如战马踏坏了群众的庄稼即处以斩首。这些纪律一经颁布，深受群众欢迎。

有一次，曹操的坐骑因突然受到惊吓，窜入田中踏坏了几棵青苗。监察官员一看是最高统帅的马踏坏了庄稼，又情有可原，当然不好定罪。

但曹操却不肯原谅自己，一面抽打战马，一面抽出战刀就要自裁，这时身边的侍卫赶紧拦住，众僚属也赶紧进言相劝，说丞相您是国家的顶梁柱，为了国家的利益您也不能自杀，马踏青苗是因马受惊，情有可原，就是按纪律制裁也应该宽大处理。而曹操却一本正经地说，纪律刚刚颁布，如果因我而不执行，今后别人也就没有办法执行了，还是坚持要自杀。

众僚属就建议说，是不是可以变通处理呢？比如“割发代首”。最后，曹操顺坡下驴，同意作变通处理，自己用战刀割下一把头发，以示警戒。

这个故事今天读起来也许会觉得可笑，割把头发还弄得那么严肃。其实当时割头发也是一种很重的惩罚。古人奉行孝道，强调身体发肤由父母所赐，本人是不能轻易毁伤的，否则就是不孝。因此，曹操的“割发代首”之举，起到了震慑全军、令行禁止的效果。我们暂且不管曹操这出戏是真是假，作为最高统帅他能做到这一点，这种遵纪守法的精神就值得我们去学习。

案例三：约翰打破规矩

约翰又一次将车送到城里一家大的经销商那里维修，这已经是他第二次因为同样的问题修车了。取车时，负责接待的小姐告诉他修理费达数百美元。约翰想，只要车确实修好了，便也认了。

于是，他说道：“好吧，不过我要先试车，看看是否真的修好了。”

“可以，不过，您要先付修理费，才能把车开走。”

对于经销商来说，约翰可是位大客户，他私人每几年就从这里购买一辆新车。此外，约翰供职的一家大集团通过约翰每年从这家经销商处购买的车就达四五辆，该经销商为此特意指派一名销售人员专门负责跟踪服务。

接待小姐对约翰的情况一清二楚，所以当约翰听到让他先付费后取车时，觉得难以置信。

“等一等，”他说道，“你是说，我不先付费，就不能把车开走？”

“十分抱歉，先生。可是，我不能坏了公司的规矩！”小姐说道，“这是公司的规定，我也毫无办法。”

小姐并非有意刁难，但如此做法的确让人不快。于是，约翰怒气冲冲地离开。回到公司，就给经销商打电话，他吼道："你难道不相信我会付这区区一笔修理费吗？简直可笑！"经销商弄清事情的缘由后，马上向他道歉，保证一定会尽快妥善处理这件事，并表示要支付约翰取车未成的路费，并亲自将车交给约翰。

然而，出人意料的是，这个经销商从此再也没有跟约翰做一笔生意，并断言："约翰要不了多长时间就得卷铺盖回家，他已经变成一个没有规矩的人了！"

果然，没过多久，约翰因为回扣问题东窗事发，被炒了鱿鱼。这件事，让几乎所有认识约翰的人在大吃一惊的同时，也佩服经销商的预言。

"没有规矩，不成方圆"，这不仅仅是一条经济定理、社会规范，更是一条人生铁律。一个集体、一个社会，没有"规矩"、没有制度是不可想象的；同样，一个人，如果没了"规矩"，就有可能游走在危险的边缘。

第二节 国法、家规都是礼仪

生活中若没有规则和道德来约束人们的行为，我们的生活将会变得不可想象。然而，现实生活中很少有人思考过这个问题，只是每天按照自己的方式而生活着。

不同时期，不同制度下的国家有着不同的社会背景和文化。但无论在哪种社会背景下，都得依靠一个规矩处事，这个规矩就是法律。

一、遵纪守法

古罗马的西塞罗曾在《论法律》中说道："法律是根据最古老的、一切事物的始源自然表述的对正义与非正义的区分，人类法律受自然指导，惩罚邪恶者，保障和维护高尚者。"法律在社会中是一种权威，人们需要参照它来生活；法律是一个屏障，是那些弱小的人的温暖的家，他们的利益在这里得到了保障；法律更是一条粗大的铁链，它紧紧地绑住犯罪分子，让他们无法在这个社会中胡作非为。

1.遵纪守法是每个公民应尽的社会责任和道德义务。一个国家即使经济实力再强，假如没有健全的法制，没有遵纪守法的国民，仍不能算是一个真正文明、强大的国家。照这个标准来看，我们国家离真正的“强盛”还有相当一段距离。虽然，我国目前已经构建起了比较完备的法律框架，普法教育也搞了多年，但实事求是地讲，“遵纪守法”四个字还远没有成为所有公民的自觉行动。

2.国无法不治，民无法不立。人人守法纪，凡事依法纪，则社会安宁，经济发展。倘若没有法纪的规范，失去法度的控制，各项秩序就无从保证，人们生存、发展的环境就会遭到破坏，人民群众就不可能安居乐业。十年“文革”，社会动乱，民主与法制遭到疯狂践踏，党纪、政纪、军纪受到严重破坏，社会秩序荡然无存，正常生产、生活无法进行，宪法赋予公民的基本权利得不到应有的尊重与维护。这种“史无前例”的混乱无序状况，破坏了社会的安定，阻碍了经济的发展，给国家和人民带来了无可估量的巨大损失，教训极其惨痛而深刻。今天，我们强调“以遵纪守法为荣、以违法乱纪为耻”，就是要进一步告诫人们，无论一个国家、一个社会、一个军队，还是一个地区、一个单位，须臾不可没了法纪的规范，须臾不可乱了正常的秩序。

3.社会主义和谐社会本质上是民主法治社会。在民主法治的背景下，违法乱纪就是践踏民意，危害社会。有人似乎觉得违法乱纪可以捡便宜、捞好处，所以不惜以身试法，铤而走险，甚至沾沾自喜于钻了法纪的空子。这是一种极其危险的玩火行为。那些最终被绳之以法的人，在最初都毫无例外地抱有侥幸心理，以为可以超越恢恢法网，甚至为自己的违背法纪而骄傲。当正义的宣判来临之际，他们才开始悔恨、自责，如果当初多一点遵纪守法的光荣感，少一点违法不遵的行为；多一点违法乱纪的耻辱感，少一点违法乱纪的侥幸心，又何至于此呢？

总之，只有遵纪守法才能获得自由。法纪不仅反映人民的意愿，也是人类对社会生活的深刻总结，反映了社会发展的客观规律。遵纪守法是遵从规律的表现，是聪明睿智的表现。马克思曾经讲过“法典是人民自由的圣经”。逆法而动，越规而行，不是什么勇敢的举动，恰恰是无知和愚昧的表现。这种无视实践经验、无视客观规律的行为，绝不会带来什么好的后果，终究难逃客观规律的制裁。比如有人对交通法规毫不在意，任意穿行。当灾难降临时，既害了自己，也害了他人，留给人们的绝不是对英雄行为的扼腕痛惜，而是对冥顽落后的鄙视和感慨。

二、遵守家规

家规，即家庭规则，就是指一个家庭建立起的若干规矩，要求所有家庭成员自觉遵照执行。有人认为，家规是适用于古代那些大户人家的。古代大户人家因为人丁兴旺，所以才不得不制定一套家规来约束甚至惩治犯错者。这话一点不假，古时候的家规的确是以惩罚为手段和目的，这与当今崇尚自由和谐的社会氛围和家庭氛围不相匹配。但是这并不是说我们要摒弃这些规则，我们要使规则的应用更加合理化、人性化。

1.在沟通方面，家庭成员之间应该能够充分沟通，信息共享。这在孩子长大以后尤其重要。很多青春期孩子的父母苦恼孩子很少跟他们交流自己的事情和想法，那么，既然这样，为何不从孩子小的时候就开始建立家人间的沟通渠道，让沟通成为整个家庭的习惯呢?

2.家人之间应互致问候。当一个人回到家的第一刻，应当大声告诉家里人自己回来了。而家里人不管在做什么，都应该立即作出亲切的回应，哪怕只是一个简单的“噢”字。反之，当一个人要出门去，也要主动知会家里人，作简单的告别后再离开。这看起来非常简单，似乎可有可无，但家是我们的港湾，是最能带给我们温暖的地方，来自家人的一句简单问候能让我们抛开烦恼，感受到爱和关怀。

3.在家务劳动方面应该是“家庭劳动，人人有责”。每个人都有责任参与到家庭劳动中来，这样有利于增进交流，使家庭和睦。

4.定期的家庭民主会议也是非常好的家庭规则。会议主题可以围绕家庭生活的方方面面，每个成员就家里出现的问题发表观点，进行充分地讨论，共同找出解决问题的办法。在会议中，公平民主至关重要，这样才能使家长和孩子做到真正的沟通。

家庭规则的建立没有一定之规，取决于每个家庭的不同特点。但有一点相同的是，家庭规则是非常有用的工具，它帮助我们培养起孩子良好的生活习惯和行为品格；同时家庭规则又是一把双刃剑，只有父母身体力行，孩子才会懂得自觉遵守规则、尊重他人，成为别人眼中有教养的人。